社会网络与职业规划：
工科大学生职业生涯的发展逻辑

管理 MANAGEMENT

李卓繁 著

Social Network and Career Planning:
the Development Logic of Engineering College Students' Career

上海交通大学出版社
SHANGHAI JIAO TONG UNIVERSITY PRESS

内容提要

本书认为，职业生涯规划是大学生实现个人价值和社会价值的重要前提。工科大学生因所学专业的特性，职业生涯特征与发展逻辑具有特殊性。特定的社会网络是影响工科大学生职业生涯规划的重要因素，社会网络与工科大学生职业生涯规划行为之间的内在逻辑关系，从一个侧面反映了大学生职业生涯规划行为规律。基于社会网络关系选择大学生职业生涯规划的教育方案，是高等学校培养大学生科学规划职业生涯的有效实践路径。

图书在版编目（C I P）数据

社会网络与职业规划：工科大学生职业生涯的发展逻辑 / 李卓繁著. —上海：上海交通大学出版社，2022.12

ISBN 978 - 7 - 313 - 25855 - 7

Ⅰ.①社… Ⅱ.①李… Ⅲ.①工科（教育）-大学生-职业选择 Ⅳ.①G647.38

中国版本图书馆 CIP 数据核字（2022）第 224351 号

社会网络与职业规划：工科大学生职业生涯的发展逻辑
SHEHUI WANGLUO YU ZHIYE GUIHUA: GONGKE DAXUESHENG ZHIYE
SHENGYA DE FAZHAN LUOJI

著　者：李卓繁
出版发行：上海交通大学出版社　　　　　地　　址：上海市番禺路 951 号
邮政编码：200030　　　　　　　　　　　电　　话：021 - 64071208
印　刷：苏州市古得堡数码印刷有限公司　经　　销：全国新华书店
开　本：710mm×1000mm　1/16　　　　印　　张：12.25
字　数：182 千字
版　次：2022 年 12 月第 1 版　　　　　　印　　次：2022 年 12 月第 1 次印刷
书　号：ISBN 978 - 7 - 313 - 25855 - 7
定　价：69.00 元

前　言

　　大学生职业生涯规划是高等学校人才培养对接经济社会发展人才需求的重要环节,也是大学生实现个人价值和社会价值的重要前提。大学生职业生涯规划行为受多重社会因素影响,特定的社会网络是影响大学生职业生涯规划的重要因素。大学生的社会网络关系与职业生涯规划行为之间存在着特定的复杂关系,这种特定的复杂关系对于大学生职业生涯规划具有典型意义。

　　工科大学生是大学生中的特殊群体,因所学专业的特殊性和复杂性,其职业生涯特征和发展逻辑具有典型意义。从社会网络视域看,处于特定社会网络中的工科大学生,职业生涯规划行为受到了多重因素的影响,这些影响因素由工科大学生所处的特殊社会网络所决定,并作用于工科大学生的职业生涯规划行为。工科大学生职业生涯规划不仅是对未来目标职业岗位的选择和职业发展的计划,更是实现目标职业选择和职业发展的行动步骤和行动策略。因此,工科大学生职业生涯规划本质上是将个人所持有的职业资源优势与职业选择和职业目标定位之间进行匹配的过程,体现了个体职业理想和社会职业需求、个体影响因素和社会影响因素之间的博弈关系。

　　本书基于上海市五所工科院校的1650名工科大学生的实证调查,发现影响工科大学生职业生涯规划的影响因素主要包括:信息支持因素、物质支持因素、情感支持因素。影响工科大学生职业生涯规划行为的三大因素,是在特定的社会网络中形成,社会网络是工科大学生获得职业生涯规划社会资源支持的重要社会基础,工科大学生的社会网络结构特征与职业规划行为之间存在较高的相关性。工科大学生个体的亲缘社会网络、学缘社会网络和业缘社会网络的结构特征决定了工科大学生职业生涯规划获取信息资源支持、物质资源支持和情感资源支持状态,进而影响工科大学生职业选择、职业目标定位和职业通道设计。

社会网络影响工科大学生职业生涯规划的作用机理是:工科大学生的社会网络因其网络特征(网络规模、网络密度、网络的异质性和关系强度)的不同,所获得的社会网络支持也有所不同,正是由于社会网络支持的差异,导致了工科大学生职业生涯规划行为动机和行为选择的差异。

高等学校培养大学生科学规划职业生涯,需要基于社会网络关系制定职业生涯规划的教育方案,超越高等教育个人本位与社会本位的人才培养争论,深刻把握影响工科大学生职业生涯规划的个体因素和社会因素基础,将大学生职业生涯规划教育纳入高等教育体系,选择有效的教育引导实践方案,帮助大学生科学制定职业生涯规划,实现个体与社会相统一的职业理想。

目　录

第1章 绪 论

1.1 研究缘起

1.1.1 研究背景

1）高等教育大众化阶段的就业困境

进入 21 世纪以来,我国高等教育快速发展,从精英教育阶段进入了大众化阶段。高等教育人才培养规模快速扩大,人才培养数量急剧增加,高校应届毕业生人数从 2001 年的 114 万人,上升到 2016 年的 765 万人①。然而,高等教育培养的人才还难以有效满足社会经济发展的需求,《人民日报》曾发文三问高校:培养的人才是否适应社会发展的需要? 高校服务社会,最根本的是人才培养,但高校现在培养的人,往往存在着"高不成、低不就"的问题。从"高"的方面看,当今大学生对全球性的重大问题关注不够,对科学技术创新有些乏力,对社会发展变革缺乏深刻认识。从"低"的方面看,部分学生眼高手低,实践技能低,工作能力弱,小事也做不好。如何通过教育引导学生向应用型发展,达到服务社会的目的,是高等教育需要应对的挑战②。从高校毕业生的就业市场看,存在着企事业单位难以找到所需人才,而大学生就业困难则成为普遍现象。高校人才培养的供需矛盾,反映高等教育进入大众化阶段后,我国高校人才培养与经济社会发展对人才需求之间脱节的现状。高校毕业生就业难的问题原因固然是多方面的,既有我国产业结构转

---

① 中国教育在线.2016 年全国高校毕业生人数 765 万,时尚"更难就业季"大学生就业形势分析[EB/OL]. http://www.eol.cn/html/c/2016gxbys/index.shtml, 2016－4－25.

② 丁雅诵.人民日报三问高校:培养的人才是否适应社会发展的需要[EB/OL].澎湃新闻,http://www.thepaper.cn/newsDetail_forward_1554135,2016－11－19.

型升级因素,但也反映出我国高等教育人才培养的缺陷。从宏观上看反映了大学生的知识结构和能力结构与社会职业岗位需求不相适应,高等教育人才供给与社会需求不匹配;从微观上看体现了大学生缺乏科学合理的职业定位,在职业选择上存在从众性和盲目性,职业生涯规划行为缺乏主动性、针对性和可持续性。

高等教育人才培养所面临的就业困境,推动着高等学校人才培养模式的改革。高等教育的本质是育人,从受教育者的个体发展角度看,高等教育目的之一是实现人的发展,帮助个体在人格、知识、能力上的完善。从高等教育的社会功能看,高等教育的又一目的,是为社会培养掌握专业技能,适应社会职业岗位的高级专门人才。上述两个目的是统一的,个体发展是社会适应性的重要基础,社会职业岗位适应性为个体发展提供了条件。

高等教育要培养适应经济社会发展需求的人才,取决于两个现实条件:一是高校培养人才的知识结构和能力结构是否与社会职业岗位所要求的知识结构和能力结构相匹配,二是大学生完成学业进入社会后,有能力在适宜的工作岗位上实现职业发展。满足第一个条件取决于完善的高等教育体系和完善的劳动力市场;满足第二个条件则取决于大学生对社会职业岗位的认知,以及职业生涯规划的目标定位和为之付出的努力。

高等学校培养的人才能否满足经济社会发展需求,是衡量高等教育质量的重要标杆。随着我国高等学校进入经济社会领域的核心,高等学校服务社会的职能日益凸显。高等学校服务社会的职能体现在两个方面,一是直接为经济社会发展提供科技服务,二是为经济社会发展输送适应需要的人才。据此,高等学校的社会服务功能之一是要通过培养社会有用人才来实现,因此,高等学校应当将提高人才培养质量列为重要任务和目标。

高等学校是培养高级专门人才的教育机构。高等教育是专门化教育,进入高等学校学习的大学生都有着明确的专业方向,虽然高等学校的专业设置与社会职业岗位未必一一对应,但是大学生所学专业与社会职业岗位之间是存在高相关度的。所以,大学生与高中生不同,大学生的专业领域和方向已经确定,这就决定了大学生在进入高等学校之前,就已经预设了未来的职业定位。然而,在我国目前的高等教育体制下,相当部分的大学生所学专业未必是自己的选择,即便所学专业是自己的选择,在大学学习过程中,随着对职业认知深化,大学生也会改变自己的职业选择,当然,这种改变所要付出的成本也是不容置疑的。因此,大学生正处于职业生涯规划的探索期,高等学校要通过有效的职业生涯规划教育,帮助大学生自觉科学地规划职业生涯,明确职业选择和职业目标定位。

据此,高等学校的职业生涯规划教育和大学生规划职业生涯学习实践,成为高等学校实现人才培养职能的重要方式。大学生职业生涯规划并不是一项简单的仅仅限于确立职业岗位的行为,而是一个认识自我、坐标定位、环境相容的一个综合训练的历程。对于大学生来说,职业生涯规划不是职业选择的权宜之策,对于高等学校来说,大学生的职业生涯规划教育并非就业指导或面试技巧辅导。职业生涯规划是在个体发展的基础上,自觉将个体所拥有的知识结构和能力结构与社会职业岗位相匹配的过程,是个人职业理想与现实环境相互磨合的过程。可以说,职业生涯规划是连接大学生个体发展和社会适应性之间的隐形链。因此,职业生涯规划不是写在纸上的一项计划,是大学生的职业理想与社会职业需求对标的过程,更要设计可实现的行动方案。职业生涯规划活动应贯穿大学生的整个学生生涯阶段,并延续到走上职业道路以后。显然,无论是对于大学生个体,还是对于高等学校来说,帮助大学生科学地合理规划职业生涯,是高等教育阶段的一项重要任务,也是大学生由学生进入职场前必须重视和经历的过程。

综上所述,破解高等教育大众化阶段大学生就业困境,一个重要路径是加强高等学校大学生职业生涯教育,通过提高大学生职业生涯规划的主动性和自觉性,提高高等学校人才培养与社会人才需求之间匹配度。

2)《中国制造 2025》战略要求加强工程师培养

2015 年 3 月 5 日,李克强总理在全国两会上作《政府工作报告》时首次提出"中国制造 2025"的战略。"中国制造 2025"的目标是要使中国成为制造强国。中国要在制造业主要领域具有创新引领能力和明显竞争优势,建成全球领先的技术体系和产业体系。"中国制造 2025"战略目标的实现,离不开大量高素质的工程技术人才,即工程技术领域的工程师。工程师人才的培养对我国先进制造业的发展,对于建设制造强国具有重大意义。

　　实施"中国制造2025"战略,提高工程技术水平是重要基础。工程活动是推动人类社会向前发展的重要社会活动,社会经济的发展离不开工程活动的发展,尤其是在现代社会,现代工程是以某组设想的目标为依据,应用有关的科学知识和技术手段,通过有组织的一群人将某个(或某些)现有实体(自然的或人造的)转化为具有预期使用价值的人造产品的过程,在构建现代社会的过程中起着重要作用,而在工程活动中起主导作用的则是掌握工程知识和技术的工程师。

　　工程师是我国制造产业中极为重要的职业岗位。工科大学是培养工程师的摇篮,承担着工程师人才培养的重任,高等工程教育是培养工程师的重要途径。工程师培养的质量取决于高等工程教育的质量,高等工程教育人才培养是否能够满足我国先进制造业发展对工程技术人才的需求,直接反映了高等工程教育人才培养绩效。

　　工科大学作为高等工程教育的重要载体,是我国高等教育的重要方面军。近年来,在我国经济社会发展的有力推动下,我国工程技术人才培养呈现出大幅增长的趋势,工科大学生在数量上有了很大突破。早在2000年我国获得工科学士学位的大学生数量就超过了美国、韩国、日本三国的总和,我国的工程教育规模已是全世界最大的[①]。这为支撑我国作为全球制造业大国奠定了重要基础。

　　然而,我国却并不是高等工程教育强国,更不是制造业强国。在"中国制造2025"的战略背景下,高端制造和智能制造等先进制造业的发展,对工程师培养提出了新的要求。但是,我国高等工程教育培养的工程技术人才总体质量不高,难以满足先进制造业发展对工程技术人才的需求。具体而言,表现在两个方面:一是高等学校培养的很多工程技术人才并未走上工程师职业岗位,大量的工科大学生毕业以后从事与工程技术无关的工作,许多工科大学生毕业后没有进入与所学专业相关的职业领域,而是纷纷转行,成为"工科逃兵",出现了"专业外流"现象[②]。二是在工程领域就业的工科大学生,由于其知识结构和能力结构与工程领域的职业岗位需求不相匹配,使得

---

① 查建中, 何永汕.中国高等工程教育三大战略[M].北京:北京理工大学出版社,2009:47.
② 张艺,李锋亮.工科毕业生去哪里了? [J].高等工程教育研究,2015(2):100-104.

这些大学生的工程师职业生涯受挫,难以在工程师职业岗位上充分发挥作用。上述两个问题一方面反映了我国高等工程教育存在质量问题,另一方面也反映了我国工科大学职业生涯规划教育薄弱,导致工科大学生缺乏科学的规划职业生涯的意识和能力,工科大学生在职业选择和职业生涯规划处于盲目状态,职业生涯发展受挫。

3)我国工科大学职业生涯规划教育发展

工科大学生职业生涯规划是大学生职业生涯的系统设计。如果将工科大学生培养比作高等教育产出的"产品",那么,工科大学生的职业生涯规划就是"产品"规格定位设计。工科大学生职业生涯设计是否科学,直接关系到工科大学人才培养的质量,影响工科大学培养人才的社会效益,同时也将影响大学生一生的事业发展。因此,帮助大学生自觉地、科学地规划职业生涯,是工科大学人才培养的重要内容之一。工科大学因其工程技术专业的鲜明特征,在工程技术人才培养模式上,往往依托企业培养工程技术人才,许多工科大学采用与行业共同培养、联合培养的方式,工科大学生毕业后直接就进入与所学专业相关的行业的职业岗位,然而,工科大学对大学生的职业生涯规划教育缺乏足够重视,职业生涯规划教育也未纳入高等工程教育体系中。此外,对于工科大学生而言,相对于其他专业的大学生,由于所学专业的专业性较强,与相应社会岗位匹配度较高。这也影响了工科大学生对规划职业生涯认识不足,重视不够,在职业选择、职业目标定位以及职业通道设计方面都缺乏系统、理性的思考。

近年来,我国许多工科大学开始重视职业生涯规划教育,注重大学生职业生涯规划意识和能力培养。许多工科大学开设了一系列关于职业生涯规划的课程,组织大学生参与职业生涯规划实践活动,但是,工科大学对大学生职业生涯规划的教育引导活动,尚处于实践探索阶段。工科大学如何在借鉴国外高等学校职业生涯规划教育经验基础上,结合中国工科大学的特殊教育环境和大学生特质,建立工科大学生职业生涯规划教育模式,尚缺乏深入的理论思考。

综上所述,我国高等教育发展的新阶段、"中国制造 2025"战略实施,要求工科大学深化人才培养模式改革,在深入研究影响大学生职业生涯规划的内外部因素,揭示大学生职业生涯规划行为规律的基础上,加强大学生职业生涯规划教育,增强工科大学生职业生涯规划的自觉意识,引导工科大学生科学、合理地规划职业生涯,这对提高我国工科大学人才培养质量,满足现代产业发展对工程技术人才需求,具有重要的理论和实践意义。

1.1.2　问题提出

本书研究直接指向的现实问题是:我国高等学校工程技术人才培养难以满足经济社会发展对工程技术人才的需求,工程技术人才的供需匹配度不高。

高等工程教育的目的是培养工程技术人才,工科大学是高等工程教育的载体。工科大学培养的工程技术人才难以满足现代产业发展需求,供需之间存在一定程度的脱节,存在这一现象,虽然有诸多社会因素,但是工科大学生职业生涯规划意识不强,职业生涯规划设计不自觉、不科学,是重要因素之一。因此,从职业生涯规划的视角,探究影响工科大学生职业生涯规划行为的社会因素,可从一个侧面揭示工程技术人才的供需匹配度不高的原因,并且通过加强和完善职业生涯规划教育引导,提高工科大学生职业生涯规划设计的自觉性和科学性,有助于在一定程度上缓解当前存在的工程技术人才供需矛盾。

本书研究所要解决的理论问题是:社会网络对工科大学生职业生涯规划的影响及作用机理。

工科大学生的职业生涯规划是在特定社会网络中的职业选择行为。依据经济学理性人假设理论,理性人指作为决策主体是充满理智的,既不会感情用事,也不会盲从,而是精于判断和计算,其行为是理性的。理性人在社会活动中所追求的唯一目标是自身利益的最大化。社会个体的行为选择依据他对目标利益的判断,而对目标利益的判断则取决于个体所拥有的内外因素,内部因素主要是个体的身心状况、性格特征和兴趣爱好,外部因素则是个体所在的社会网络,以及这种社会网络能够给个体行为选择所提供的各类资源支持。依据马克思主义的历史唯物主义学说,人们的社会心理和社会意识也是由人们的社会存在决定的,从这个意义上讲,个体的社会网络对于个体的行为选择的影响是决定性的。

本研究将基于社会网络的视域,分析工科大学生的社会网络,探讨工科大学生在职业生涯规划设计过程中个体的社会网络,以及依据社会网络获得的社会资源,是如何影响工科大学生职业生涯规划行为的,揭示社会网络影响工科大学生职业生涯规划行为的作用机理。

大学生的职业生涯规划具有认知和行动的双重特征,一方面大学生通过职业生涯规划确定个体的职业定位,明确职业目标,设计职业通道;另一方面大学生通过学校学习和社会实践为实现职业目标夯实基础。大学生职业生涯规划过程中,既受个体职业兴趣的偏好影响,也受社会网络状况的影响。因此,大学生职业生涯规划设计和行动过程中,受到了来自个体和社会的诸多因素影响,大学生的职业生涯规划是多种因素共同作用并合力达到平衡的一种行为。

在我国现行的高考制度下,大学生选择所学专业并非完全建立在自觉认知基础之上,许多大学生在进入高校前的专业选择受到多重因素影响,其中有盲目从众或家长代为选择,因此,许多大学生进入高校存在一个专业再选择的问题。然而,大学生对所学专业的认知受到个体对职业岗位的认知程度,以及来自个体所处社会网络的影响,进而影响大学生职业生涯规划行为。

在现实中,大学生的职业生涯规划反映了大学生在自我与现实之间的权衡,也是个体的职业理想能否最大限度地在现实社会中得到实现。需要关注的是,对于不同的大学生个体,同样的影响因素可能其作用的效果并不一样,尤其是大学生处在不同的社会网络中,这些影响因素其影响的方式和影响作用的范围和强度是不同的。因此,研究大学生的职业生涯规划,关键不在于大学生职业生涯规划设计的职业发展方向的选择和决策,而是要研究大学生职业生涯规划设计中的行动策略,即大学生依据所学专业,规划设计职业生涯的行动策略,以及影响大学生职业生涯规划设计行为的内外部因素。而这种内外影响因素作用的发挥,是由其个体所处的社会关系网络所决定的。因此,分析大学生职业生涯规划的影响因素,探讨这些影响因素的形成,及其在特定网络下对大学生职业生涯规划的作用机理,有着重要的理论和现实意义。

工科大学生是一个特殊大学生群体。虽然，工科大学生的职业生涯规划与其他学科的大学生职业生涯规划具有共同特征，但是，工科大学生所学的工程技术类专业具有鲜明的专业性、特殊性和复杂性。工科大学人才培养有着明确的目标，即培养工程师。工程师职业岗位是具有鲜明职业化倾向的特殊职业岗位，工科大学生职业生涯规划目标相对明晰，且易于观察。因此，深入分析影响工科大学生的职业生涯规划行为的内外因素，以及这些因素对工科大学生职业生涯规划行为的作用方式、范围和程度，这对于揭示大学生职业生涯规划行为规律具有典型意义。

工科大学是培养工程技术人才的教育机构。从职业生涯规划角度看，工科大学培养的大学生职业目标比较清晰，职业化倾向明显，工科大学生就职业选择和职业目标定位可以作出正确选择。然而，现实中，我国工科大学生对工程技术职业岗位的认识却是参差不齐的，这种认识上的差异性使得工科大学生的职业生涯规划呈现出较大的差异性，造成这种差异性的原因从表面上看似乎与工科大学生个体不同的高等工程教育背景，不同的工程技术知识掌握程度，以及不同的工程技术训练程度等经历相关。然而，相同或相似高等工程教育背景或工程技术训练经历的工科大学生做出了不同的职业生涯规划行为选择，其深层的原因是，影响工科大学生职业生涯规划的社会因素具有差异性。由此可知，社会因素在工科大学生的职业生涯规划中起着重要作用。因此，揭示影响工科大学生职业生涯规划的社会影响因素及作用机理，是解决工科大学生职业生涯规划问题的关键。

经验事实表明，个体生活环境的差异，使每一个工科大学生都有与他人不同的社会网络背景，这种社会关系网络可以是原生的，既来自各自不同的原生家庭、社会阶层，也可以是工科大学生在学习成长的过程中通过个人理性选择后所形成的。不同的社会网络带为工科大学生来不同的社会资源，这些资源包括信息资源、物质资源、情感资源等，由于获取资源的渠道差异以及获取资源的难易程度的差异，工科大学生在职业生涯规划中做出了不同的价值判断和行为选择，这就导致了不同的工科大学生职业生涯规划行为的差异性。

依据上述分析，本书确定的研究目标是，以工科大学生的职业生涯规划为研究对象,分析特定社会网络与工科大学生职业生涯规划行为之间的内在联系,揭示社会网络影响工科大学生职业生涯规划行为的作用机理。

1.2 研究目的和意义

1.2.1 研究目的

本研究的目的是:从理论上阐明工科大学生职业生涯规划行为特征,在实证调研的基础上,运用社会网络理论和分析方法,揭示特定社会网络与工科大学生职业生涯规划之间的内在逻辑关系,阐明工科大学生的社会网络以及由此获得的社会资源对工科大学生职业生涯规划的影响,进而揭示特定社会网络对工科大学生职业生涯规划影响的作用机理。

1.2.2 研究意义

1) 理论意义

科学的职业生涯规划是大学生走向社会的必要前提,是衡量大学生培养质量的重要标志,教育引导大学生自觉科学地规划设计职业生涯,是高等学校重要的教育实践活动,探讨大学生职业生涯规划的特征与规律,对职业生涯规划教育实践活动进行深入系统的理论研究,论证大学生职业生涯规划学理性基础,将丰富高等教育理论内涵,拓展高等教育理论研究视域。

本研究以工科大学生职业生涯规划为研究对象,从学理上分析工科大学生职业生涯规划行为特征,进而从一个侧面揭示大学生职业生涯规划与其他社会群体职业生涯规划行为的差异性,相比已有的研究,本研究进一步深化了大学生职业生涯规划内涵的研究。

本研究以社会关系网络理论为分析框架,分析影响工科大学生职业生涯规划行为的社会因素,阐明社会网络对工科大学生职业生涯规划的影响以及特殊作用,揭示在社会网络背景下,社会资源获取状况对工科大学生规划设计职业生涯行为的作用机理。据此,本研究在一定程度上将大学生职业生涯规划理论探索推向深化。

工科大学生职业生涯规划行为受多重社会因素影响,具有复杂性和综合性的特点,本研究将社会学、教育学和心理学的理论与方法,综合运用于工科大学生职业生涯规划问题研究,这将有助于拓宽大学生职业生涯规划问题的研究视域,丰富大学生职业生涯规划的理论研究。

2) 实践意义

工科大学生职业生涯规划具有鲜明的实践特征,如何有效地教育引导工科大学生自觉科学地规划设计职业生涯,需要构建具有很强操作性的教育实践方案。本研究不仅为教育引导工科大学生规划设计职业生涯的实践方案提供了理论基础,而且为教育实践方案提供了现实路径。

本研究在对工科大学生职业生涯规划内涵的深入研究基础上,提出了将工科大学生职业生涯规划嵌入我国高等工程教育体系,使大学生职业生涯规划教育成为高等工程教育的有机组成部分,这有助于推动我国高等工程教育人才培养模式改革,提高工科大学开展职业生涯规划教育的自觉性,有助于增强工科大学生职业生涯规划主动性。

本研究将探索特定社会关系网络中,社会网络影响工科大学生职业生涯规划行为的作用机理,阐明特定社会关系网络中工科大学生职业生涯规划行为的规律特征,这有助于提高工科大学职业生涯规划教育实践活动的针对性和有效性,并且为工科大学职业生涯规划教育实践活动方案制定提供理论依据。

1.3 研究思路

根据上述设定的研究目标,本研究的基本思路是,在深入社会调研基础上,研究工科大学生职业生涯规划特征与规律,分析社会网络与工科大学生职业生涯规划之间的内在逻辑关系,揭示特定社会网络背景下,社会资源获得对工科大学生职业生涯规划的影响及作用机理,提出工科大学职业生涯规划教育纳入高等工程教育体系的对策建议。

1.3.1 研究框架

1) 社会网络视域下工科大学生职业生涯规划特征

首先,分析大学生职业生涯规划与其他社会群体职业生涯规划的差异性。大学生是相对特殊的社会群体,高等教育是专门化教育,大学生进入大

学时,已经基本确定了未来的职业发展方向,因此,大学生的职业生涯规划
是在职业定位相对确定的前提下实施的,这就决定了大学生职业生涯规划
的特殊性。

其次,分析工科大学生所学的工程技术专业特殊性,以及工程师培养特
殊路径。工科大学是高等教育的一种类型。一般而言,工科大学是通过高
等工程教育培养职业工程师,工科大学生职业定位是掌握工程技术知识和
能力的工程师。工程师职业岗位具有专业性强,要求具备复合型的知识能
力结构,该职业岗位进入要求高,职业岗位变更社会成本高的特性,因此,工
科大学生职业生涯规划与其他专业大学生的职业生涯规划有着较大特
殊性。

再次,分析我国现行高考制度下,工科大学生入学前对工程师职业认知
程度,选择工程技术类专业的自觉程度,进而分析在特定社会网络背景下,
工科大学生的职业生涯规划行为特征。

综上所述,大学生的职业生涯规划行为与其他社会群体职业生涯规划
行为相比,行为特征具有差异性。工科大学生因其专业的特殊性,其职业生
涯规划行为具有显著特征,分析并阐明工科大学生职业生涯规划行为的特
征,为揭示社会网络与工科大学生职业生涯规划之间的内在逻辑关系提供
依据。

2) 社会网络与工科大学生职业生涯规划的内在逻辑

首先,分析影响大学生职业生涯规划行为的主要因素类型分析个体和
社会双重因素是如何影响工科大学生职业生涯规划行为的。从个体因素,
即个体身心健康、兴趣爱好、知识能力结构;从社会因素即社会网络的影响
因素,指社会网络所提供的社会资源,即信息资源、物质资源和情感资源。

其次,运用社会网络理论分析框架,分析工科大学生的社会网络特征。
工科大学生因其所学专业的特殊性,在一定程度上与其他学科专业大学生
的社会网络具有不同的特点,由于特定的社会网络所获得的社会资源不同,
对工科大学生职业生涯规划行为的影响程度和作用方式就会存在差异性。
因此,阐明工科大学生的社会网络特征,为揭示社会网络与工科大学生职业
生涯规划的内在逻辑提供分析依据。

再次,基于工科大学生社会网络特征分析,进一步分析工科大学生在特定的社会网络中如何获得职业规划的社会资源,及选择职业定位和职业目标的认知和情感资源,以及选择职业通道设计的物质和情感资源,继而揭示特定的社会网络所提供的社会资源如何影响工科大学生职业生涯规划行为。

综上所述,工科大学生职业生涯规划行为受到个体和社会双重因素影响,双重影响因素都是在社会网络中形成的,分析特定的社会网络与工科大学生职业规划行为影响因素之间关系,揭示社会网络与工科大学生职业规划的内在逻辑,为进一步揭示社会网络对工科大学生职业规划行为的作用机理提供理论依据。

3) 社会网络对工科大学生职业规划行为的作用机理

首先,基于工科大学生社会网络的特殊性,从纵横两个维度,分析工科大学生社会网络的三个类型,即亲缘网络、学缘网络、业缘网络的特征;分析工科大学生社会网络的四种程度,即网络规模、网络异质性、网络密度、关系强度特征。

其次,基于社会调查数据,运用社会网络分析方法,通过方差分析,分析工科大学生亲缘网络、学缘网络和业缘网络的网络规模、网络异质性、网络密度、关系强度差异性。

最后,构建结构方程模型,分析工科大学生亲缘网络、学缘网络和业缘网络的网络规模、网络异质性、网络密度、网络强度与信息资源、物资资源和情感资源之间的关系,在此基础上,进一步分析亲缘网络、学缘网络和业缘网络所提供的社会资源支持对职业定位、职业目标和职业通道设计行为的作用机理。

综上所述,工科大学生社会网络特征决定着他们所拥有的社会资源的数量和质量。工科大学生所拥有的社会资源的数量和质量影响着他们职业定位、职业目标和职业通道设计的认知和行为选择,揭示这种影响的作用机理,有助于为工科大学职业生涯规划教育提供改革依据,也能为工科大学职业生涯规划教育纳入高等工程教育体系提供实证依据。

4) 基于社会网络分析的工科大学职业生涯规划教育改革思考

首先,基于工科大学生社会网络特征决定社会资源支持程度;社会资源支持程度影响工科大学生职业生涯规划行为的理论逻辑。运用社会调查获取的定量分析数据,深入工科大学生社会网络特征是如何影响职业生涯规划的社会资源支持强度;社会资源支持强度对工科大学生职业生涯规划行为选择影响,进而为揭示我国工科大学职业生涯规划教育存在的问题奠定分析基础。

其次,基于工科大学生社会网络分析的理论框架,阐明特定社会网络背景下,工科大学生职业生涯规划的行为倾向,进而探究工科大学职业生涯规划教育对工科大学生职业选择引导的行动策略。

综上所述,社会网络特征、社会资源支持和职业生涯规划行为之间的内在逻辑,以及三者之间影响的传导机理的理论分析,为有效引导工科大学生提高职业生涯规划自觉性和科学性提供了理论依据,也为进一步深化工科大学职业生涯规划教育改革,完善我国高等工科教育体系提供了实证依据。

1.3.2 技术路线

本研究的技术路线如下。

首先,通过对分析工科大学职业生涯规划现状,系统梳理职业生涯规划研究领域的学术文献,提出工科大学职业生涯规划的理论和实践问题;

其次,从理论层面分析并界定职业生涯规划、大学生职业生涯规划、工科大学生职业生涯规划、社会网络等核心概念。

再次,在社会实证调查的基础上,基于社会网络分析框架,探究社会网络与工科大学生职业生涯规划的内在逻辑,建立工科大学生职业生涯规划的社会网络分析模型。

最后,构建结构方程模型,论证社会网络特征影响社会资源支持程度;社会资源支持程度影响工科大学生职业生涯规划认知程度和行为选择的理论假设。在此基础上,提出深化工科大学职业生涯规划教育改革,完善我国高等工科教育体系的行动策略。

本研究的技术路线如图 1-1 所示。

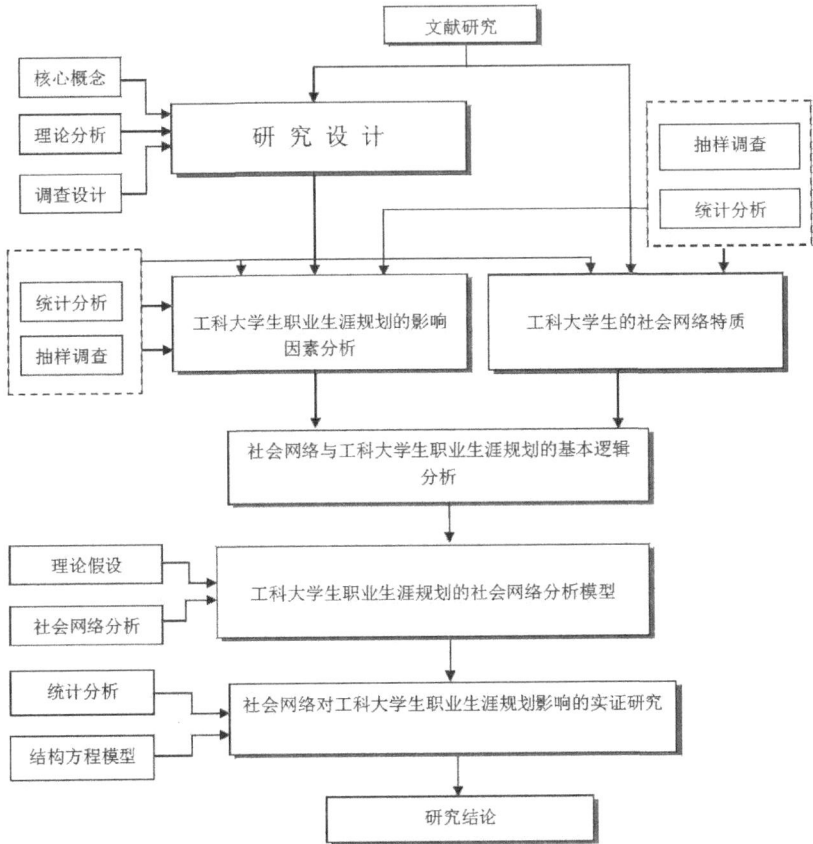

图 1-1　技术路线图

1.4　研究方法

本研究涉及理论层面的问题，也涉及工科大学生职业生涯规划的实践问题，既有工科大学生职业生涯规划内涵的学理性分析，也有基于社会网络的工科大学生职业生涯规划的影响因素的实证调研。因此，本研究采用规范研究和实证研究相结合的方法，通过理论分析和逻辑论证，阐明社会网络影响工科大学生职业生涯规划的作用机理，通过实证分析，论证社会网络特征影响社会资源支持程度;社会资源支持程度影响工科大学生职业生涯规划认知程度和行为选择的理论逻辑。

1) 社会调查方法

本书研究将采用社会调查的方法,获取工科大学生社会网络特征、职业生涯规划的认知程度和行为选择状况的数据。社会调查的方法是收集社会现实状况或历史状况材料的方法。社会调查方法是社会科学研究中常用的基本研究方法,它综合运用访谈、问卷、个案研究、测验或实验等科学方式,有目的、有计划、有系统地搜集有关研究对象的信息,并对调查搜集到的资料,运用科学的方法进行分析、综合、比较、归纳,从而揭示存在的问题,探索有关规律的研究方法。社会调查的主要目的在于收集充分的一手数据以解决研究的问题。

本研究采用社会调查方法中的问卷调查法,通过问卷调查了解工科大学生社会网络特征与职业生涯规划行为的影响之间的内在关系,以及工科大学生职业生涯规划获得社会资源支持程度,以及这种社会资源支持是如何影响工科大学生职业生涯规划行为选择的。

2) 数理统计方法

数理统计分析是应用统计数学作为基础的定量研究方法,就是运用数学方式,建立数学模型,对通过调查获取的各种数据及资料进行数理统计和分析,形成定量的结论。

数理统计分析方法是目前社会科学领域中被广泛使用的研究方法。统计分析方法依据实证调研数据或面板数据进行分析,分析逻辑性强,精确度高,分析结果比较科学。运用统计方法对研究对象的规模、范围、程度等数量关系进行分析,可以较为客观地认识和揭示事物间的相互关系、变化规律和发展趋势,从而达到对事物的正确解释和预测。

进行数理统计分析的前提是,问卷调查的设计与实施,即根据研究的问题需要和理论分析的结果,针对变量进行科学设计调查问卷,通过被访者填写调查问卷获得客观情况,收集并整理相关数据,运用定量化的测量方法,如数学模型工具等,对研究假设进行验证。

本研究在确定取样范围基础上,使用问卷调查的方法,调查被试对象的职业生涯规划认知程度和行为选择倾向，将调查获取数据整理后，运用 SPSS 软件，采用多元统计分析方法进行分析，具体方法包括统计描述、相关分析、方差分析等。

3）社会网络分析法

社会网络分析是近些年来新出现的一种研究范式，受经济社会学和组织行为学观念的影响，社会网络分析基于这样一种理念，任何个体行为都是嵌入在一个具体的、实时的社会系统中的。社会网络分析是对社会网络的关系结构及其属性加以分析的方法。本研究通过建立结构方程模型，分析社会网络的特征与工科大学生职业生涯规划行为之间的逻辑关系以及作用机理。

社会网络分析法可对多个不同的角度构建的社会网络及结构进行分析。本研究主要从宏观层面研究工科大学生社会网络结构特征，由于工科大学生社会网络的复杂性，因此本研究选择网络规模、网络密度、网络异质性和网络关系强度四个特征，研究特定的社会网络结构特征与工科大学生职业生涯规划的逻辑关系。

工科大学生职业生涯规划行为与社会网络之间存在较强的敏感性。因此，相对以往研究大学生职业生涯规划重点分析心理学倾向，本研究在社会网络视域下，分析工科大学生职业生涯规划行为的特征，侧重分析工科大学生的社会网络结构特征对职业生涯规划行为的影响，并运用结构方程模型测量社会网络对工科大学生职业生涯规划行为的作用机理。

1.5　本章小结

职业生涯规划教育是高等教育人才培养的重要内容。我国高等教育发展进入大众化阶段，"中国制造 2025"战略实施，对高等工程教育人才培养模式改革提出了新的更高的要求。然而，我国高等学校工程技术人才培养难以满足经济社会发展对工程技术人才的需求，工程技术人才的供需匹配度不高，产生这一现象的社会原因固然是多方面的，但是职业生涯规划教育缺乏有效性和针对性，大学生职业生涯规划的自觉性不高，显然是一个重要因素。因此,深入研究影响大学生职业生涯规划的社会因素,揭示大学生职业生涯规划行为的规律,加强大学生职业生涯规划教育,增强工科大学生职业生涯规划的自觉意识,引导工科大学生科学、合理地规划职业生涯,这对提高我国工科大学人才培养质量,满足现代产业发展对工程技术人才需求,具有重要的理论和实践意义。

从社会网络结构视角看,人与人、组织与组织之间的纽带关系是一种客观存在的社会结构,任何主体(人或组织)与其他主体的纽带关系都会对主体的行为发生影响。本研究以工科大学生的职业生涯规划为研究对象,分析特定社会网络与工科大学生职业生涯规划行为之间的内在联系,揭示社会网络影响工科大学生职业生涯规划行为的作用机理。因此,本研究所要解决的理论问题是:社会网络对工科大学生职业生涯规划的影响及作用机理。

本书研究的目的是:从理论上阐明工科大学生职业生涯规划行为特征,在实证调研的基础上,运用社会网络理论和分析方法,揭示特定社会网络与工科大学生职业生涯规划行为之间的内在联系,阐明工科大学生的社会网络以及由此获得的社会资源对工科大学生职业生涯规划行为的影响,进而揭示社会网络影响工科大学生职业生涯规划行为的内在机理。

根据上述设定的研究目标,本研究的基本思路是在深入社会调研基础上,研究工科大学生职业生涯规划的基本特征,分析社会网络特征、社会资源支持和职业生涯规划行为之间的内在逻辑,揭示特定社会网络背景下,社会资源获得对工科大学生职业生涯规划的影响及作用机理,提出将工科大学生职业生涯规划教育纳入高等工程教育体系的改革建议。

本书采用的研究方法有规范研究和实证研究相结合的方法、社会调查法、数理统计分析法和社会网络分析方法。采用定量分析和定性分析相结合,对社会网络视域下的工科大学生的职业生涯规划行为进行系统分析。

第 2 章 文献综述

2.1 文献来源

本书研究的文献收集来自五个渠道。第一,从中文数据库获得相关文献。以"大学生职业生涯规划""社会网络""社会网络与职业生涯规划""高等工程教育"为主题词进行了检索,所使用的中文数据库主要包括中国知网、维普、万方 3 个文献数据库。共浏览阅读了 1 023 篇学术文献,从中筛选并精读了与本研究高度相关的 129 篇文献。第二,通过上海图书馆及高校图书馆,检索了与大学生职业生涯规划、社会网络分析方法、高等工程教育相关的中文图书 350 余册。其中,关于职业生涯规划与社会网络分析,以及关于高等工程教育为主题的学术论著有 53 本,经泛读后,筛选并认真阅读与本研究高相关度的中文论著 32 本。第三,以职业生涯规划、社会网络分析、高等工程教育为主题词,从公共网络收集相关文献和教育政策文件,从中下载并阅读了 82 篇相关文献。第四,从英文数据库获得文献资料。主要检索了 Springerlink、PQDT 博硕论文、Web of Science(含 SCI\CPCI)等英文数据库,下载并浏览阅读了 121 余篇英文学术文献,第五,从上海图书馆及高校图书馆检索了英文书籍 20 本,针对本研究涉及的相关问题筛选并进行了认真研读分析。

2.2 文献梳理

职业生涯规划一直是理论界的热点问题,在西方学术界,职业生涯规划的研究成果丰富,职业生涯规划实践也是得到了职业生涯规划理论的指导。在我国,职业生涯规划的研究起步较晚,但是随着中国高等教育的飞速发展,基于高校人才培养供给与社会需求相匹配的要求,使得大学生得到职业生涯规划理论指导的需求更显突出,关于我国大学生职业生涯规划的相关研究也成为学界的焦点。

2.2.1　大学生职业生涯规划的讨论

学界关于大学生职业生涯规划研究,目前,主要聚焦于大学生职业生涯规划实践中存在的问题,具体体现在以下几个方面。

1) 大学生职业生涯规划影响因素及分类

学界认为大学生规划职业生涯的行为受多重因素影响,现有的研究集中于讨论影响因素的作用形式。具体而言有三种观点。

第一种观点,认为影响大学生职业生涯规划的因素是多重的。大学生职业生涯规划的影响因素既有个体层面上的因素,也有来自家庭、社会的影响因素。李春光、韩艳(2014)认为是社会因素、家庭因素和个人综合素质影响了大学生的职业生涯规划[1]。谢朝晖(2013)通过问卷调查的方式,认为有学校职业生涯规划、大学生成就动机和一般自我效能感三个影响因素对大学生职业生涯规划产生作用[2]。在大学生职业生涯规划的众多影响因素中,不同的影响因素其发挥的作用也不尽相同,个体因素的影响体现在不同年级的大学生其职业生涯规划意识和规划行动有显著差异;学校因素的影响体现在接受过不同职业生涯规划指导的学生以及在校担任学生干部的学生有较强的生涯规划能力和行动力;社会因素的影响体现在来自农村和有过工作经验的大学生其职业生涯规划能力更强一些[3]。

第二种观点,认为在多重影响因素中家庭因素是最主要的影响因素。黄俊毅(2014)认为家庭或来自父母的影响对于大学生做出职业生涯规划选

---

①　李春光,韩艳.工科本科生职业生涯规划中存在的问题及影响因素分析[J].科技资讯,2014(22):248.

②　谢朝晖.大学生自我职业生涯规划影响因素分析[J].中国成人教育,2013(21):140-142.

③　班兰美,黎志健,张玉.大学生职业生涯规划现状及其影响因素[J].中国健康心理学杂志,2013(3):460-462.

择最重要[①]。

第三种观点，认为影响大学生职业生涯规划的因素，既有单一因素也有多重因素。周文娜(2014)在综述学界关于这一方面的研究时指出，大学生职业生涯规划影响因素的研究主要集中在两个方面，既有从职业价值观、职业和个体素质、家庭因素、成就动机、职业决策等单个方面来分别论述这些因素与职业生涯规划之间的关系以及其如何影响职业生涯规划的达成；也有认为大学生职业生涯规划是多因素交互作用的结果，而不是一个或一方面的因素起着唯一的主导作用的研究[②]。

大学生职业生涯规划的影响因素能够从内外部两个方面进行分类，一般来说大学生职业生涯规划的影响因素包括：心理因素、社会因素(包括来自家庭的因素)以及教育因素。

第一，关于心理因素对大学生职业生涯规划的影响研究。张菊红(2013)认为自我概念、人格特质影响着大学生职业生涯规划的信念和态度，从而影响大学生的职业选择[③]。赵辉(2011)通过对问卷调查以及统计学分析发现大学生职业生涯规划各维度与自我效能感相关显著，其影响到一个人的职业决定和选择[④]。范小青、孙莹莹(2011)认为心理调适对大学生职业生涯规划具有非常重要的作用，它不仅能帮助大学生树立正确的定位，而且还能帮助其完善具有个性化的职业生涯规划并提高其就业率和创业能力[⑤]。李勇(2011)在谈论大学生职业生涯规划误区时指出，大学生特有的心理特征对于其无法科学规划自己的职业生涯有着重要的影响[⑥]。Gao Xiaoqin(2011)在研究中利用心理契约对行动的影响为理论基础，探讨了在大学的各个阶段如何运用心理契约的作用引导大学生科学进行职业生涯规划[⑦]。

① 黄俊毅.人职匹配职业规划方法及其实施障碍[J].辽宁广播电视大学学报,2014(4):30-32.
② 周文娜.职业生涯规划影响因素文献综述[J].企业家天地,2014(1):65-66.
③ 张菊红.大学生自我概念、人格特质与职业生涯规划的相关性[J].中国健康心理学杂志,2013(12):1899-1902.
④ 赵辉.大学生职业生涯规划及影响因素分析[J].教育与职业,2011(9)102-104.
⑤ 范小青、孙莹莹.心理调适对大学生职业生涯规划的作用[J].科教导刊,2011(5):229,246.
⑥ 李勇.浅析大学生职业生涯规划的误区及成因[J].凯里学院学报,2011(4):168-171.
⑦ Gao Xiaoqin. The Dynamic Management of Career to College Students Based on Psychological Contract[C]. Engineering Education and Management, 2011(12), Vol 112:219-226.

个体的职业倾向、自我意识与自我和谐水平是实现职业生涯规划目标的重要心理要素[①]。对职业的认知程度同样会影响大学生的职业生涯规划,职业前景清晰、自身求职能力强和对就业前景乐观的积极求职认知对大学生形成明确的职业生涯规划有积极的影响[②]。

　　第二,关于社会因素对大学生职业生涯规划的影响研究。李勇(2011)在谈论大学生职业生涯规划误区时指出,目前在我国职业生涯的发展时间较短,基础较薄弱,是影响大学生职业生涯规划的重要社会现实因素[③]。Lin Zhang、Michael Barnett(2015)在研究中学生回避理工科作为职业发展方向的困境时,认为对职业信息获得的局限导致其职业规划的困难同时与父母的有效沟通会帮助其确定未来职业的信心[④]。Gideon Arulmani,Darren van Laar,Simon Easton(2003)在研究印度学生的职业信仰和社会经济地位之间的关系时探讨社会经济背景和社会认知环境如何影响职业发展的重要性,发现较低的社会经济地位群体呈现出更高水平的负面事业的信念[⑤]。Jennifer E Gallagher,Resmi Patel,Nairn HF Wilson(2009)在对伦敦牙科学院的毕业生长期职业生涯规划的影响因素研究中指出专业发展机会以及工作与生活平衡和收入等会对其职业生涯规划产生影响[⑥]。而价值取向对大学生的职业生涯规划影响在于价值观决定了职业生涯规划的方向,并影响主客体对职业生涯规划的判断[⑦]。同时大学生职业价值观能对职业生涯

---

　　① 李杉杉,张晓丽.论影响大学毕业生职业生涯规划的心理因素[J].安徽农业大学学报(社会科学版),2008(7):114-117.

　　② 郭鑫,吴薇莉,谢海滨.大学生职业生涯规划需求状况及影响因素[J].青年研究,2008(5):1-7.

　　③ 李勇.浅析大学生职业生涯规划的误区及成因[J].凯里学院学报,2011(4):168-171.

　　④ Lin Zhang, Michael Barnett. How high school students envision their STEM career pathways [J]. Culture Study of Science Education,2015(10):637-656.

　　⑤ Gideon Arulmani, Darren van Laar, Simon Easton, The Influence of Career Beliefs and Socio-Economic Status on the Career Decision-Making of High School Students in India [J]. International Journal for Educational and Vocational Guidance,2003(10),Vol 3,Issue 3:193-204.

　　⑥ Jennifer E Gallagher, Resmi Patel, Nairn HF Wilson. The emerging dental workforce: long-term career expectations and influences. A quantitative study of final year dental students' views on their long-term career from one London Dental School [J]. BMC Oral Health,2009(9):35.

　　⑦ 于迪.当代大学生的价值取向对其职业生涯规划的影响[J].教育探索,2010(9):141-142.

规划产生积极的正向影响,不同的个人因素和家庭背景,会使大学生在对职业的选择和调整方面有不同的动机和需求①。

其中有学者探讨了社会资本与大学生就业之间的关系。管静娟(2007)指出社会资本对大学生就业有着重要影响,在人力资本处于最少时,社会资本将是解释大学生职业地位获得的最重要因素。在我国劳动力市场体制尚不完善的情况下,大学生还是要有意识地培养自己的"社会资本意识",注重社会资本的积累②。姜继红、汪庆尧(2007)通过社会调查,发现社会资本拥有量对就业者就业意向存在正相关的关系。就业者社会资本越丰富,与就业意向有关的选择达到的理想程度就越高,反之,就业意向的满意程度就越低。就业行为受社会资本与人力资本的双重作用③。

第三,关于教育因素对大学生职业生涯规划的影响研究。Dengfeng Hao、Vincy J. Sun、Mantak Yuen(2015)在对中国大学生的职业生涯规划教育研究中发现,目前中国的职业生涯规划教育已经从就业教育转向生涯规划教育,建立了一种"五位一体"的教育模式,这种集成方法不仅促进学生的个人成长和成功,而且成为服务于国家和社会的基础④。Karin I. Candrl、Cynthia J. Heinzen(1994)在对学生进行职业生涯规划教育时发现可以建立起一个叫职业任务奖励的创新性学生组织,帮助未明确职业目标的学生认识自我价值、了解职业岗位需求并最终明确自己的职业目标⑤。

2) 大学生职业生涯规划的实现路径

大学生的职业生涯规划成功实现离不开有效、科学的实现路径,但是目前在大学生职业生涯规划过程中的生涯探索、目标计划、职业个性和自我认

① 侯雨欣.大学生职业价值观对职业生涯规划的影响研究——基于川渝高校大学生的实证分析[J].淮海工学院学报(人文社会科学版),2014(8):132-136.

② 管静娟.社会资本与大学生就业关系研究[J].青年探索,2007(2):30-33.

③ 姜继红,汪庆尧.社会资本与就业行为的实证研究[J].扬州大学学报(人文社会科学版),2007(6):70-74.

④ Dengfeng Hao, Vincy J. Sun, Mantak Yuen. Towards a Model of Career Guidance and Counseling for University Students in China[J]. International Journal for the Advancement of Counselling[J].2015(1), Vol 37, Issue 2:155-167.

⑤ Karin I. Candrl, Cynthia J. Heinzen Career quest: An innovative student organization designed to meet the needs of "deciding" students[J]. Journal of Career Development,1994(12), Vol 21, Issue 2:141-148.

识这四个层面中,大学生更主要处于对生涯发展的探索之中,具有较成熟的生涯探索但规划能力不足①。

学界关于大学生职业生涯规划的实现途径研究,则主要从加强职业规划意识和职业规划教育方面提出了可行性建议。

第一,提出增强大学生自我职业规划意识,主动适应社会需求。必须加强职业规划意识,充分认识自己的优势与劣势,明确自己的职业发展目标。李迎春(2011)指出需要提高大学生职业生涯规划意识,提高大学生社会实践能力,树立正确的职业观念和职业理想②。

第二,提出高校重视职业生涯规划教育,并应该提供个性化、专业化的职业生涯规划辅导。刘子芳(2012)认为高等学校应重视和构建大学生职业生涯规划教育模式③。潘爱华(2011)认为成立大学生职业生涯咨询中心,为学生提供群体辅导和个体辅导④。李迎春(2011)认为高校的责任是加强高校职业生涯规划教育,保证其在大学生职业生涯规划中的核心地位⑤。姚新华(2011)认为高校要提高职业指导的专业化程度,职业生涯指导机构的专业化,辅导教师和课程要专业化以及职业测评工具专业化⑥。陈艳君(2011)认为要建立个性化的职业生涯规划教育课程体系应从学生一入校开始,职业规划教师可以通过采用相关职业测评工具、心理测试等方式帮助学生了解自身的性格、兴趣、爱好和能力特征,正确评价学生的心理特点,分析不同职业的性格和能力取向,指导学生正确评价自我,并做出职业抉择,点面结合地实施个性化教学和提供个性化的生涯规划辅导⑦。张宝华(2011)认为应该把学生生涯指导列入日常管理内容,为每个学生建立个性化的生涯指

---

① 张文墨.影响大学生职业生涯规划的心理因素调查[J].扬州大学学报(高教研究版),2010(4):31-45.
② 李迎春.对我国大学生职业生涯规划的思考[J].江苏高教,2011(1):118-119.
③ 刘子芳.大学生职业生涯规划存在问题及对策探究[J].沈阳农业大学学报,2012(2):195-198.
④ 潘爱华.完善工科大学生职业生涯规划教育的思考[J].新西部,2011(3):81,181.
⑤ 李迎春.对我国大学生职业生涯规划的思考[J].江苏高教,2011(1):118-119.
⑥ 姚新华.大学生职业生涯规划研究[J].教育与职业,2011(3):84-85.
⑦ 陈艳君.高等教育大众化背景下大学生职业生涯规划的对策[J].职业时空,2011(3):127-128.

导服务①。

第三,职业生涯规划是一个渐进式的过程,要持续不断地给予学生辅导。奉飞等(2011)认为职业生涯发展应该看作一个长期、连续的发展过程,应根据不同阶段和不同专业的具体实际开展职业生涯辅导课程,循序渐进地培养学生的职业规划意识②。陈艳君(2011)指出高校要对学生进行全程化的职业生涯规划指导,即从学生一进大学校门开始,就根据个体职业生涯发展规律、大学教育的基本特点以及大学生成长的基本历程,分不同的阶段给予不同的指导③。张宝华(2011)认为学校要建立全程的、系统的生涯规划指导课程④。Ken S. Kompelien(1996)指出要给予职业规划目标盲目的学生持续性的职业规划和帮助,在这种持续性的职业计划中包括多种信息,如个人情况、受教育的情况,工作经验以及能证明竞争力的证据等⑤。

3) 大学生职业生涯规划的困境与挑战

第一,许多学者认为,大学生对职业生涯规划不重视,缺乏对职业规划的基本意识。鲍斯思、郭如平(2014)认为目前很多的大学生自我认识不足,职业目标模糊,职业生涯规划处于"晚熟"状态⑥。刘子芳(2012)认为学生职业生涯规划意识淡薄导致职业目标不明确⑦。李迎春(2011)指出目前大学生职业生涯规划能力不强,不了解制定职业生涯规划的程序,缺乏进行职业生涯规划的技巧和方法⑧。简红艳、何瑾、丰鹏(2011)指出目前大学生不重视职业生涯规划,误以为职业生涯规划是在自己就业以后才要进行的一种规划。虽然对职业生涯规划有一定的了解,但是在应用上缺乏自主规划意

---

① 张宝华. 大学生职业生涯规划现状及理论分析[J]. 鲁东大学学报,2011(3):25-28.

② 奉飞,李哲,何修竹.高校工科类大学生职业生涯发展现状探究[J].保健医学研究与实践,2011(4):49-53.

③ 陈艳君. 高等教育大众化背景下大学生职业生涯规划的对策[J]. 职业时空,2011(3):127-128.

④ 张宝华. 大学生职业生涯规划现状及理论分析[J]. 鲁东大学学报,2011(3):25-28.

⑤ Ken S. Kompelien. Focusing on Coherent Career Plans: The Fifth C of Career Planning Programs[J]. Journal of Career Development,Vol. 23(1),1996:51-60.

⑥ 鲍斯思,郭如平.关于大学生职业生涯规划意识与行为的调查与分析[J].人力资源管理,2014(5):303-304.

⑦ 刘子芳.大学生职业生涯规划存在问题及对策探究[J].沈阳农业大学学报,2012(2):195-198.

⑧ 李迎春.对我国大学生职业生涯规划的思考[J].江苏高教,2011(1):118-119.

识,不能制定出与个人的具体情况相符合的科学合理的职业规划①。

第二,认为高等学校缺乏系统的大学生职业生涯规划教育,教育体系不规范,不完善。张存贵(2011)认为目前的高校职业生涯规划指导队伍建设落后,专门的职业生涯教育机构缺失②。董安琪(2011)职业生涯规划教育师资缺乏,职业生涯规划教学管理缺位、失位③。

4) 大学生职业生涯规划的研究方法

目前,学界关于大学生职业生涯规划研究方法讨论,以及研究过程中运用的研究方法,主要有以下几方面。

第一,理论分析方法张巧念(2011)通过对价值合理性和工具合理性的探讨,认为高校大学生职业生涯规划教育应帮助大学生实现对职业选择和发展等理论的正确解读;在现实具体的社会情境中,实现对自己的职业目标和生活目标的体验积累和经验表达,以形成最基本具体的职业价值观念,最终实现大学生职业生涯规划教育的价值现实化,生成大学生的职业生涯规划④。张文君、高伟籍(2011)运用职业锚理论来讨论大学生的职业生涯规划问题,认为在大学生中开展职业锚的认定,有利于帮助不同类型锚的学生制定自己的职业生涯规划⑤。池厚新、谢秀珍(2011)运用了SWOT理论对大学生职业生涯定位进行了研究⑥。

第二,问卷等实证调研方法。刘星、唐占应(2014)利用采用问卷调查的方式对遵义X学院学生进行随机调查,以考查学生职业生涯规划的能力⑦。谢朝晖(2013)运用问卷调查法,对重庆市5所高校的538份有效问卷进行

---

① 简红艳,何瑾,丰鹏. 中国大学生职业生涯规划探析[J]. 经济研究导刊,2011(10):281-282.

② 张存贵. 对大学生职业生涯规划的思考[J]. 吉林工程技术师范学院学报,2011(1):9-11.

③ 董安琪.论析大学生职业生涯规划的问题与对策[J].淮北职业技术学院学报,2011(1):95-96.

④ 张巧念.大学生职业生涯规划教育的理性诉求与价值实现[J].湖北社会科学,2011(2):185-188.

⑤ 张文君,高伟籍.浅谈职业锚理论在大学生职业生涯规划中的应用[J].中小企业管理与科技,2011(6):130-131.

⑥ 池厚新,谢秀珍.基于SWOT理论的大学生职业生涯定位研究[J].出国与就业,2011(9):61.

⑦ 刘星,唐占应.地方本科院校学生职业生涯规划能力的实证分析[J].现代物业,2014(10):60-62.

路径分析①。马恩等(2011)采用问卷调查的方式,对师范大学 3 500 名在校大学生对专业的看法、职业目标的确立、职业生涯困惑、职业生涯规划的授课内容、形式、效果等职业生涯规划现状进行随机抽样调查,以了解师范类大学生的职业生涯规划现状②。王兴国、张聚华等(2011)采用问卷调查的方式对全国 20 所不同地区高校的 2010 届应届本科毕业生的职业生涯规划意识进行了调研③。

第三,职业生涯发展量表或心理测量方法。奉飞等(2011)采用改编的工科类大学生生涯发展量表,对 1927 名来自重庆大学、西南大学等高校的工科大学生进行问卷调查,并对调查结果进行统计分析④。高晓琴、龚开国(2010)以 515 名大学生作为被试,以大学生职业生涯规划能力问卷为研究工具,对年级、是否学生干部、专业等因素对大学生职业生涯规划能力的影响进行研究⑤。杨树亮、樊学峰(2009)指出,心理测量可以应用于高校的就业指导工作,用来测量学生的智力、能力、兴趣和个性特征,并将其结果作为对学生评价的科学依据,帮助他们确定未来的职业方向⑥。Donner G J,Wheeler M(2001)指出职业锚问卷是国外职业测评运用最广泛、最有效的工具之一。职业锚问卷是一种职业生涯规划咨询、自我了解的工具,能够协助组织或个人进行更理想的职业生涯发展规划⑦。赵辉(2011)采用职业生涯规划调查问卷、自我效能感问卷和一般情况调查表,对河南省四所大学的 600 名学生进行了抽样调查,探讨了大学生职业生涯规划的现状及影响因素⑧。

---

① 谢朝晖.大学生自我职业生涯规划影响因素分析[J].中国成人教育,2013(21):140-142.

② 马恩,张美,郭昱辰.大学生职业生涯规划的研究[J].科教文汇,2011(2):184-185.

③ 王兴国,张聚华,等.大学生职业生涯规划意识调查及相关对策研究[J].重庆理工大学学报,2011(5):

④ 144-147.奉飞,李哲,何修竹.高校工科类大学生职业生涯发展现状探究[J].保健医学与实践,2011(4):49-53.

⑤ 高晓琴,龚开国.大学生职业生涯规划能力的影响因素分析[J].中国校外教育(职业教育),2010(2):134,139.

⑥ 杨树亮,樊学峰.心理测量在大学生职业生涯规划中的作用[J].沿海企业与科技,2009(4):177-178.

⑦ Donner G J, Wheeler M. Career planning and development for nurses:The time has come [J]. International Nursing Review,2001,48(2):79-85.

⑧ 赵辉.大学生职业生涯规划及影响因素分析[J].教育与职业,2011(9)102-104.

第四,讨论了研究方法存在的缺陷问题。孙璐(2013)认为目前在研究大学生职业生涯规划研究的方法存在"重理论、轻实证"的问题,同时,理论研究大多是对国外理论的粗浅介绍或对我国现状的反思,不深刻且可操作性不强①。

5)工科大学生职业生涯规划问题

工科大学生是大学生中特殊群体,工科大学生职业生涯规划具有特殊性,但是,目前关于工科大学生职业生涯规划研究的文献较少,从已有的研究文献看,学界关于工科生职业生涯规划讨论主要有两个方面。

第一,关于工科大学生职业生涯规划的必要性问题。王可、张燕、刘金(2015)认为工科大学生的职业生涯规划在引导专业技术人才就业,解决专业技术紧缺问题起着重要作用②。潘爱华(2011)指出工科大学生作为未来社会建设的中坚力量之一,完善工科大学生职业生涯规划教育有着十分重要的意义③。

第二,关于工科大学生职业生涯规划教育缺失问题讨论。杨丽娜、林青、常海霞(2015)认为理工科大学生同样面对职业生涯规划问题,目前存在的薄弱环节和主要问题为:职业生涯规划理念不清晰,定位不准确,以及职业生涯规划教育缺失④。李春光、韩艳(2014)认为目前工科大学生自我认知度不强、对自身能力缺乏客观认识,从而导致职业定位不准⑤。潘爱华(2011)认为目前工科大学生普遍缺乏职业规划教育意识,缺乏确定的职业生涯目标,就业定位不准确⑥。

2.2.2　大学生社会网络的讨论

对于社会网络的研究一直是社会学研究领域的热点问题,是西方社会学的一个重要分支研究领域,也是一种新的社会学研究范式。通过学者们

————————

①　孙璐.我国大学生职业生涯规划研究述评[J].中国成人教育,2013(20):19-21.

②　王可,张燕,刘金.论职业生涯规划对专业技术人才培养的促进作用[J].科技展望,2015(8):265-266.

③　潘爱华.完善工科大学生职业生涯规划教育的思考[J].新西部,2011(3):81,181.

④　杨丽娜,林青,常海霞.理工科院校大学生职业生涯规划的现状及完善路径[J].教育与职业,2015(9):74-76.

⑤　李春光,韩艳.工科本科生职业生涯规划中存在的问题及影响因素分析[J].科技资讯,2014(22):248.

⑥　潘爱华.完善工科大学生职业生涯规划教育的思考[J].新西部,2011(3):81,181.

几十年的不断完善和补充,它已从社会心理学、社会计量学、人类学、数学等不同的学科领域不断地深化而形成一套较系统的社会学研究理论和方法。由于社会网络理论关注于讨论个体的社会人际关系对个人行为的影响,在社会工作实践中作为经典理论被采纳和应用,社会网络也因其实用性和可操作性常被作为一种分析社会关系对于人的行为影响的分析工具。

目前,国内外学者一般认为社会网络研究起源于英国,由英国人类学家拉德克利夫·布朗(Radcliffe Brown)在探讨了文化是如何约制有界群体如部落、乡村等成员的行为时,首次使用了"社会网"的概念去研究社会结构①。他认为社会网络是群体间形成的独特关系,这种关系可以传递物质、情感、信息等资源,起纽带的作用。1954 年巴恩斯(J.A.Barnes)在进行阶级体系的研究过程中,首次把社会网络转化为系统性研究,认为社会网络是指正式关系之外的非正式关系②。1969 年,Michell 提出了他对社会关系网络的定义。他认为,社会关系网络实质是"某一群体中个人之间特定的联系关系,其整体的结构,可以称之为该群体中个人的社会行动"③。

到了 20 世纪 80 年代,社会网络分析关注到社会结构对个人行为的影响。研究发现由个人的行为方式所形成的社会结构将会限制个人或集体的行动,在这种行为方式下行动者即网络构成者的态度和行为是由其社会背景和所处的社会环境决定的④。Wellman(1983)提出"社会网络是由某些个体间的社会关系构成的相对稳定的系统",即把"网络"视为是联结行动者的一系列社会联系(social ties)或社会关系(social relations),它们相对稳定的模式构成社会结构⑤。随着应用范围的不断拓展,社会网络的概念已突破了了人际关系研究的范畴,网络行动者的范围从个体扩大到整体,如家庭、部门和组织。

由于对社会网络分析的着眼点不同,使得社会网络理论发展为两个方

---

① 雷静.基于社会网络的虚拟社区知识共享研究[D].上海:东华大学,2012.

② Barnes,R.K. Freedom of thought in American life [J]. Nation,1954,178(3):53 - 54.

③ 蒋海曦,蒋瑛.新经济社会学的社会关系网络理论述评[J].河北经贸大学学报,2014(6):150 - 158.

④ 高蕾,贾少英.社会网络与 90 后大学生人际关系[M].北京:北京邮电大学出版社,2014.

⑤ Wellman B. Network analysis:Some basic principles[J].Sociological Theory,1983(1):155 - 200.

向,也形成了两大分析要素:关系要素和结构要素。关系要素关注行动者之间的社会性粘着关系,通过社会联结的密度、强度、对称性、规模等来说明特定的行为和过程。结构要素则关注网络参与者在网络中所处的位置,讨论两个或两个以上的行动者和第三方之间的关系所折射出来的社会结构,以及这种结构的形成和演进模式。这两类要素都对知识和信息的流动有着重要的影响。具体来说,强弱关系力量假设、社会资本、结构空洞是社会网络理论三大核心理论。

1) 弱关系强度理论

该理论认为社会网络的节点依赖联结产生联系,联结是网络分析的最基本分析单位。1973 年马克·格兰诺维特(Mark Granovetter)在《美国社会学杂志》上发表的《弱关系的力量》一文最先提出联结强度的概念,并引入了网络"力度"的概念[①]。他认为,社会网络中单一行动者之间的联系是以联结为载体存在的。这种联结存在于人与人、组织与组织、微观个体与宏观系统之间,是一种通过互动建立起的实体性纽带联系,而并非传统意义上抽象的关系虚化。行动者可以直接通过社会关系网络中的这种联结获得信息和资源。同时,作为社会网络的最基本单位,行动者之间联结的紧密程度则是衡量双方在社会网络中嵌入深度与力度的标准[②]。他将联结分为强弱联结两种(StrongTie,WeakTie),并从互动的频率、感情力量、亲密程度和互惠交换四个维度来进行区分[③]。强联结和弱联结在知识和信息的传递中发挥着不同的作用。强关系是在性别、年龄、教育程度、职业身份、收入水平等社会经济特征相似的个体之间发展起来的,如与亲人、同事、朋友等的联结,强关系现象体现为一种十分稳定的然而传播范围有限的社会认知[④],群体内部相似性较高的个体所了解的事物、事件经常是相同的,所以通过强关系获得的资源常是冗余的,而弱关系则是在社会经济特征异质性的个体之间发展起

---

①　Granovetter, M S. The strength of weak ties [J]. Amerrican Journal of Sociology,1973,78: 1360 – 1380.

②　蒋海曦,蒋瑛. 新经济社会学的社会关系网络理论述评[J]. 河北经贸大学学报,2014(6): 150 – 158.

③　高蕾,贾少英.社会网络与 90 后大学生人际关系[M]. 北京:北京邮电大学出版社,2014.

④　高蕾,贾少英.社会网络与 90 后大学生人际关系[M]. 北京:北京邮电大学出版社,2014.

来的，弱关系相较于强关系更为广泛，跨越了不同的信息源，在社会网络中更能起到信息桥梁的作用，使个体跨越群体界限去获取更多的信息和资源。强关系往往意味着同质性，通过强关系所带来的信息往往具有较大的重复性，对个人而言信息的有效性低，帮助不大，而代表异质性的弱关系则可以跨越其他阶级界限去获得信息和资源，从而充当了不同社会群体间"关系桥"的作用。社会网络的强度与网络成员的异质性呈正相关关系，网络的异质性越大，社会网络在获取信息方面的作用会越强①。

　　我国社会学家根据中国特有的国情，在相关领域也展开了一系列研究，先后有费孝通、边燕杰、张文宏、刘军等著名学者和专家，他们关注了中国社会所特有的社会网络问题，运用了社会网络理论和分析工具研究中国的社会网络问题，取得了颇有成效的研究结果。其中比较有代表性的是边燕杰教授的研究，他认为在中国的社会文化背景下，社会网络更多地体现出一种关系网络。中国是一个人情社会，人情交换在社会交往中发挥着重要的作用，人情资源主要由强关系带来，因此根据 Granovetter 的弱关系强度理论，中国社会中资源的获取更多地来自强关系而非弱关系，因此，强关系比弱关系更能帮助个体实现目标。但是，随着中国市场经济的发展，信息资源开始成为越来越重要的社会资源，而信息资源却主要是由弱关系带来，因此，市场转型过程中，社会网络的收入效应总趋势是：改革前和改革初人情资源效应大于信息资源效应，但在改革中期和加入世贸组织之后，前者在减弱，后者在增强②。他还对社会网络中不同的社会资源进行研究，影响和信息也是社会网络中很重要的资源。在我国，影响比信息对个人的就业所产生的作用更大。同时，他指出强关系本身也可以进行分类，分为间接强关系和直接强关系，而之前的研究重点是强关系研究，关于间接强关系的研究比较少。他在研究中发现，间接强关系在个体职业发展中同样发挥着巨大作用，实际上直接强关系是有限的，间接强关系帮助个体获得发展机会的现象在现实

---

　　① 郭云南，张晋华，黄夏岚. 社会网络的概念、测度及其影响：一个文献综述[J]. 浙江社会科学，2015(2)：122－132.

　　② 边燕杰，张文宏，程诚. 求职过程的社会网络模型：检验关系效应假设[J]. 社会，2012(3)：25－37.

生活中更为普遍①。孙晓娥、边燕杰在对留美科学家的国内兼职参与活动的研究中发现,这种非正式的求职过程中,社会网络中人际强弱关系互相协调,共同发挥作用,留美科学家的国内合作成功源于强弱关系在求职网络中的优势互补②。

2) 社会资本理论

由于网络行动者的个体网络差异,使网络成员有差别占有各种稀缺性资源,同时网络行动者关系的数量、方向、密度、强度和行动者在网络中的位置等因素,影响资源流动的方式和效率,也使其获得差异化的社会资本。1980 年法国社会学家皮埃尔·布迪厄(P.Bourdieu)首先从社会学的意义提出"社会资本"的概念,认为社会资本是在社会网络中实际存在或潜在的资源,这些资源与其所属关系所组成的网络相关③。其后美国社会学家科尔曼(James Coleman)认为社会资本指个人所拥有的表现为由构成社会结构的要素组成的社会结构资源性资本财产,它们主要存在于社会团体和社会关系网之中④。个人参加的社会团体越多,其社会资本越雄厚;个人的社会网络规模越大、异质性越强,所拥有的社会资本越丰富;社会资本越多,摄取资源的能力越强,在一个网络中,一个组织或个体的社会资本数量决定了其在网络结构中的地位。华裔社会学家林南在 Granovetter 的"弱关系强度假设"的基础上,进一步提出社会资源理论,他认为个体社会网络中的权利、声望等社会资源,是需要通过个人直接或间接地获取的。个体社会网络的异质性、网络成员的社会地位、个体与网络成员的关系力量决定着个体所拥有的社会资源的数量和质量。因此,林南提出了社会资源理论的三大假设:第一,地位强度假设,个体的社会地位与所能获取的资源和信息正相关;第二,弱关系强度假设,个体社会网络的差异性程度与其通过弱关系获取信息资源的机会正相关;第三,社会资源效应假设,个体的社会资源越丰富,工具性

①　Bian Y J. Bringing strong ties back:Indirect ties, network bridges and job searches in china [J]. American Sociological Review,1997,62(3):366-385.

②　孙晓娥,边燕杰. 留美科学家的国内参与及其社会网络强弱关系假设的再探讨[J].社会,2011(2):194-215.

③　Bourdieu P. Forms of capital [M]. New York:Greenwood Press,1985.

④　Coleman J. Social capital in the creation of human capital [J]. American Journal of Sociology,1988(94):95-120.

行动的结果就越好①。

3）结构洞理论

美国学者罗纳德·伯特(Ronald Burt)在1992年提出了结构洞的概念。他的研究视角从关系强度转为对网络位置(network locations)的关注。在伯特看来,社会网络中的某些个体间存在着无直接联系的现象,从网络的整体看就好像是网络结构中出现了洞穴或裂口,这个洞是一个行动者可以操控获利的空间。在存在着结构洞的两个群体之间形成连带的个体控制着群体之间的信息和资源流动②。个体与他人关系的强弱与自身拥有多少资源和资本无关,同他在群体中的位置有关。结构洞被认为能够为中间人获取"信息利益"和"控制利益"提供机会,从而使其在网络中获得竞争优势。无论是个人还是组织,其社会网络均表现为两种形式:一是网络中的任何主体与其他主体都发生联系,不存在关系间断现象,从整个网络来看就是"无洞"结构。这种形式只有在小群体中才会存在。二是社会网络中的某个或某些个体与有些个体发生直接联系,但与其他个体不发生直接联系,无直接联系或关系中断的现象,从网络整体来看好像网络结构中出现了漏洞,因而称作"结构洞"③。可以看出,Burt的结构洞观点是与Granovetter关于联结强弱重要性的假设有很强的渊源,结构洞之内填充的是弱联结,因而Burt的观点可以看作是Granovetter观点的进一步发展、深化与系统化。另外,结构洞与社会资本有关。Burt认为社会资本伴随行动主体的中介机会而产生。主体拥有的结构洞越多,具有的社会资本越多④。

2.2.3　社会网络与大学生职业生涯规划的讨论

社会网络作为一种理论和分析方法,常常运用于很多学科领域的研究中,将社会网络分析运用于经济学,形成了社会经济学。而在现代人际社会

①　Lin N. Social resources and instrumental action [M]. Beverly Hills:Sage Publications,1982.

②　刘娜.关系网络与职业流动:西方社会关系网络研究评述[J].经济研究导刊,2016(3):5-8、16.

③　Burt R S. Structural holes:The social structure of competition [M]. Cambridge:Harvard University Press,1992.

④　Burt R.S. The network structure of social capital[J].Research in Organizational Behavior,2000(22):345-423.

网络的现实形态中,如拜年网、求职网、讨论网等,最能体现社会网络中与资源获取以及网络中强弱关系的行为,莫过于求职行为,因此在社会网络与职业之间的关系,一直是学界研究的重点。经过对相关文献梳理研究发现,社会网络与职业研究之间的关系,通常集中在社会网络与职业选择及生涯之间的关系,社会资本与就业之间的关系,社会网络与职业发展之间的关系。大学生的社会网络的独特性,及其与职业生涯规划之间的关系近年来也是一个热门的话题。

1) 社会网络与职业生涯

20 世纪 60 年代末,Granovetter 在其专著《找工作:人际关系与职业生涯的研究》中指出,在找工作的过程中,提供工作信息的人往往是弱关系,那些具有强关系的朋友反倒没有弱关系朋友更能够发挥作用[1]。Podolny 和 Baron(1997) 认为,如果个人在社会组织中拥有广泛的社交圈,那么他在工作中就能获得更多的职业支持,从而有利于自己职业岗位的晋升[2]。Burt(1997)指出,尽管社会网络存在强度和数量方面的差异,但是只要有社会网络存在,个人就可以从中获得帮助,这将有利于个人职业生涯的发展[3]。我国学者在这一领域也进行了相关研究,刘宁(2007)在对社会网络对企业管理者职业生涯成功影响的实证研究中发现,社会网络在企业管理人员职业生涯成功方面起着积极的促进作用[4]。王忠军、龙立荣(2005)指出,在网络社会中有意识地建立和运用社会资本应当是保障职业生涯成功的一种新策略,正确评估社会资本,辨识网络中的优劣势,建立开拓型的社会关系网络,丰富社会资本,将是个人取得职业生涯成功的策略[5]。刘津言(2012)在对女性的职业生涯成功的研究中,发现网络规模、网络异质性和关系强度对企业女性高层次管理人才的成长存在正向作用,网络密度对企业高层次人才的

---

① 高蕾,贾少英.社会网络与 90 后大学生人际关系[M].北京:北京邮电大学出版社,2014.

② Podolny J M, Baron J N. Resources and relationships: Social networks and mobility in the workplace [J]. American Sociological Review, 1997, 62:673-693.

③ Burt R S. The contingent value of social capital [J]. Administrative Science Quarterly, 1997, 42 (2):339-365.

④ 刘宁.社会网络对企业管理人员职业生涯成功影响的实证研究[J].南开管理评论,2007(6): 69-77.

⑤ 王忠军,龙立荣.知识经济时代社会资本与职业生涯成功关系探析[J].外国经济与管理, 2005(2)18-24.

成长存在负向作用①。

2) 社会资本与就业选择

关于社会资本与就业之间的研究已经比较成熟,一般认为社会资本在人们的就业求职过程中发挥着重要作用,通过信息、物质或情感的支持影响就业选择。姜继红、汪庆尧(2007)在对就业行为的实证研究中指出,不同的社会资本拥有量对就业资源的获取与利用不同,就业行为受社会资本与人力资本双重作用②。来源于亲缘的强关系是最可靠、最明显和使用最频繁的社会资本,能够为创业者提供物质资本和情感支持③。徐晓军(2002)认为社会资本发挥作用的临界线在大学本科,本科以下社会资本比人力资本产生更高的就业贡献,本科以上人力资本和社会资本共同对就业发挥作用④。王国枫(2005)认为社会资本可以给大学生带来更多的就业机会、获取更多的求职信息、降低就业成本、奠定创业基础。同时,社会资本决定了人力资本所能发挥的最大作用⑤。阎凤桥、毛丹(2008)进行了社会资本对就业影响的实证研究,研究表明社会资本与应届毕业生的工作起薪、就业落实率、就业满意度成正相关关系,对专科和本科毕业生的就业存在显著影响,而对硕士和博士的就业影响作用不大⑥。管静娟(2007)在研究大学生的就业与社会资本的关系时,发现随着高校就业制度改革造成计划分配淡出和市场机制作用的增大,社会资本对大学生就业的作用将加大,大学毕业生就业中对社会资本的认同度较高,但对社会资本的依赖性较弱⑦。在目前统一的劳动力市场尚未形成的条件下,信息充分掌握与否会直接影响就业的成功与否,社会资本对于减少就业信息不对称问题发挥重要作用,对于大学生而言,社会

① 刘津言.社会网络对企业女性高层次管理人才成长的作用机制研究[D].长春:吉林大学,2012.
② 姜继红,汪庆尧.社会资本与就业行为的实证研究[J].扬州大学学报(人文社会科学版),2007(11):70-74.
③ Sanders,J.M.,V.Nee. Immigrant Self-employment:The Family as Social Capital and the Value of Human Capital[J]. American Sociological Review,1996,61(2) :231-49.
④ 徐晓军.当前就业过程中的双重机制:人力资本与社会资本[J].人文杂志,2002(3):68-72.
⑤ 王国枫.社会资本理论视野下的大学生就业研究[J].黑龙江高等研究,2005(6):67-68.
⑥ 阎凤桥,毛丹.影响高校毕业生就业的社会资本因素分析[J].复旦教育论坛,2008(4):56-65.
⑦ 管静娟.社会资本与大学生就业关系研究[J].青年探索,2007(2):30-33.

资本拥有的差异性会导致大学生信息获取程度的差异性[①]。

3) 社会网络与职业发展

边燕杰、张文宏(2001)在研究经济体制与社会网络以及职业流动间的关系时指出,职业流动者的社会网络主要是由亲属和朋友两类强关系构成,社会网络发挥作用的形式以提供人情为主,以传递信息为辅。这些作用在转型经济时代尤为突出[②]。对于不同性别的求职者,社会网络能够有效地提高男性和女性现职地位获得的可能性,有助于实现职业流动,社会网络对于女性的职业流动尤为重要。影响职业流动的社会因素中,使用社会网络中流通的信息和人情资源能够显著地提高女性实现职业流动的可能性[③]。社会网络中的强关系导致了女性职业性别隔离,强、弱关系对于中国女性进入职业类型的影响是不同的,弱关系会使女性进入更高层次的职业,进而摆脱职业性别隔离[④]。社会网络在劳动力流动和求职过程中能为求职者提供信息,社会网络的作用体现为,为信息共享提供可能,来自同一社区的成员在迁入地形成的社会网络,有助于共享资源与信息[⑤]。同样社会网络对城乡家庭创业收入具有显著的正向影响,尤其对于社会交往面较广、交往对象趋于多样化的城镇家庭的积极作用更大,其作用机制在于社会网络通过拓宽家庭获取信息的渠道为其提供大量重要信息,从而有助于提高创业收入[⑥]。从个体的求职结果来看,社会关系网络比之市场发挥着更为重要的作用,个体对关系网络的使用会在很大的程度上增加其获取非农工作的可能性,利用社会网络求职成功的个体数较多[⑦]。

---

① 彭钰宜. 社会资本对大学生就业机会的影响分析——基于社会网络理论[J]. 城市社会, 2016(2):77-78.

② 边燕杰,张文宏. 经济体制、社会网络与职业流动[J]. 中国社会科学, 2001(2):77-89.

③ 张文宏,刘琳. 职业流动的性别差异研究——一种社会网络的分析视角[J]. 社会学研究, 2015(5):53-75、243.

④ 童梅. 社会网络与女性职业性别隔离[J]. 社会学研究, 2012(4):67-83.

⑤ Calvo- Armengol, A., M. O. Jackson. The Effect of Social Network on Employment and Inquality[J]. American Economic Review, 2004, 94(3):426-454.

⑥ 张博,胡金焱,范辰辰. 社会网络、信息获取与家庭创业收入——基于中国城乡差异视角的实证研究[J]. 经济评论, 2015(2):52-67.

⑦ 张展. 社会关系网络对求职的影响分析[J]. 鸡西大学学报, 2014(2):56-58.

4) 社会网络与大学生职业生涯规划

大学生就业网络中，由于大部分大学生的社会资本匮乏，也没有完善的社会网络，所以在寻找工作时，只能依靠"弱联结"和"结构洞"寻找就业机会，这使得"弱联结"和"结构洞"在大学生就业中起着更为重要的作用，也是他们获得职业的关键性因素[①]。由于大学生当前的网络关系以先赋型社会网络为主，，而在大学阶段自主创立起的"后生型"社会网络则较少，这种情况的长期存在可能会在某种程度上影响就业市场的公平[②]。大学生从社会网络中主要是获得有效的就业信息，帮助大学生降低就业信息搜寻成本，获得工作机会，提高就业成功率[③]。

2.3　文献述评

2.3.1　研究发展的成果总结

综观学界在工科大学生职业生涯规划领域的研究，大学生职业生涯规划已经成为国内外高等教育界的学术热点问题。学界关于这一领域的研究，已经取得了诸多十分有价值的研究成果。

从研究内容看，已有研究涉猎了大学生职业生涯规划的内涵、大学生职业生涯规划影响因素及分类，个体和社会的影响因素对大学生职业生涯规划行为的作用方式，大学生职业生涯规划的实现路径等相关问题。在上述研究中，学界提出了诸多有价值的学术观点，从研究内容看，概括起来主要聚焦三个方面：其一，提出了高等教育大众化阶段，尤其是在我国社会主义市场经济发展的历史进程中，大学生职业生涯规划的必要性，以及高等学校要加强大学生职业生涯规划教育；其二，论证了大学生职业生涯规划行为受主客观多重因素影响，深入分析了影响大学生职业生涯规划行为各类因素的类型及作用方式，尤其是对个体心理因素对大学生职业生涯规划行为的影响有着较为深入的研究；其三，论证了大学生职业生涯规划的实现路径，

① 沈苏海.社会网络视角下的高校毕业生就业工作研究[J].教育与职业，2012(32)：99 - 100.
② 孔凡柱，耿勋.新生代大学生社会网络现状调查研究[J].教育与职业，2015(5)：112 - 114.
③ 李珍妮.社会网络视域下提升大学生就业质量的途径研究[J].赤峰学院学报(自然科学版)，2016(3)：230 - 232.

提出了高等学校要加强职业生涯规划教育的实践方案。从研究方法看,许多学者运用心理学研究范式或心理学的分析框架,研究大学生职业生涯规划问题,有学者将教育学的分析框架运用到大学生职业生涯规划问题研究中,也有许多学者采用多学科交叉的分析方法,如运用社会调查、统计分析等方法。

综上所述,当前学界对大学生职业生涯规划研究,有两种研究偏好:其一,从研究视角和研究范式看,采用心理学视角和范式,从大学生内在因素即个性特征等心理因素出发,强调心理因素对大学生职业生涯规划有着重大影响,在研究中大量运用了性格测试和职业倾向量表,测量大学生职业生涯规划行为;其二,从高校大学生职业生涯规划教育的实践视角出发,强调了大学生职业生涯规划教育的重要性,剖析了大学生职业生涯规划教育实践中存在的问题。

学术界已有大学生职业生涯规划的研究成果,对本研究具有重要的启迪价值,尤其是学术界对大学生职业生涯规划问题的多学科交叉研究方法,直接启发了笔者从社会网络的视角研究工科大学生职业生涯规划问题。大学生职业生涯规划是一个系统性的问题,多维度、多学科展开研究,有助于将该问题的研究推向深入。

2.3.2　深化研究的学术空间

鉴于学界关于大学生职业生涯规划研究已经取得的成果,本研究的理论视角是,把社会学的社会网络分析框架运用于大学生职业生涯规划研究,结合高等教育人才培养的社会本位理论,研究大学生职业生涯规划的社会影响因素,以其进一步深化大学生职业生涯规划问题研究,具体而言:

第一,本研究在社会网络视域下,研究工科大学生职业生涯规划的社会影响因素。学界已有的研究多讨论大学生职业生涯规划影响因素,而对影响因素的形成机理缺乏较为深入的研究。也有一些学者研究了社会关系对大学生职业生涯规划的影响,但是主要探讨了家庭经济地位、家庭资源支持等对大学生职业生涯规划所产生的影响,缺乏系统全面的分析大学生所处的特定社会环境与职业生涯规划行为之间的内在逻辑关系。

第二,本研究以工科大学生职业生涯规划为研究对象。在已有的研究中,将大学生职业生涯规划作为研究对象并不鲜见,也有少数学者也提出了工科大学生职业生涯规划具有特殊性,但是尚缺乏在理论上的充分论证。由于大学生所学专业十分广泛,不同的专业职业前景差异很大,研究对象的泛化,使研究难以深入把握大学生职业生涯规划的行为特征和规律。工科大学是我国高等教育的一个重要方面,工科大学生是我国大学生群体中较为特殊的群体。工科大学生所学工程技术专业具有鲜明职业倾向性和复杂性,工科大学生的职业目标相对聚焦。一般而言,工科大学生的职业定位是工程师,工程师是我国经济社会发展中最重要的职业岗位,而且工程师的职业倾向性明显。因此,工科大学生的职业生涯规划具有一定的典型性,以工科大学生职业生涯规划为研究对象有助于进行大学生职业生涯规划的典型性分析。以工科大学生职业生涯规划为研究对象,无论从理论上还是从实践上都具有重要意义。

第三,本研究将揭示社会网络与工科大学生职业生涯规划内在逻辑关系。通过深入分析工科大学生的社会网络特征和职业生涯规划特征,研究特定社会网络背景下工科大学生职业生涯规划选择的影响因素。学界已有研究虽然论证了影响大学生职业生涯规划的因素的多重性,也有学者分类研究了不同个性和社会环境下,个体职业生涯规划行为所受影响的主观和客观因素,但是总体上研究心理因素较多,分析社会因素的研究成果不多。尤其是这些影响因素在不同社会网络中对工科大学生的职业生涯规划行为产生影响的作用机理还缺乏深入地探究。

第四,本研究运用社会调查和数理统计分析方法,探究在特定的社会关系网络下,社会因素对工科大学生职业生涯规划影响及作用机理。实证研究方法的运用,有助于深刻把握大学生职业生涯规律,提高大学生职业生涯规划教育的针对性和有效性,提高大学生规划职业生涯的自觉性和科学性。然而,关于社会因素对工科大学生职业生涯规划影响及作用机理,已有研究缺乏相关成果。

第五,本研究将深入论证社会网络与工科大学生职业生涯规划内在逻辑,阐明特定的社会关系网络下社会因素对工科大学生职业生涯规划影响的作用机理,为工科大学大学生职业生涯规划教育改革提供理论基础。目

前,我国学校高等学校对大学生职业生涯规划教育重要性缺乏充分和深刻
的认识,而只是把职业生涯规划教育简单地看作就业指导。因此,高等学校
的大学生职业生涯规划教育,仅局限于传统教育方式,例如开设若干门相关
课程、组织若干讲座等等。在工科大学中,工科大学生的职业生涯规划教育
也没有真正纳入高等工程教育体系。工科大学生职业生涯规划教育如何嵌
入以工程师为培养目标的高等工程教育之中,这一问题甚至尚未被我国高
等工程教育改革所涉猎。

2.4　本章小结

　　职业生涯规划始终是国外学术界的热点议题,综观已有的研究,成果十
分丰富。在我国,职业生涯规划理论研究和实践发展虽然起步较晚,但是伴
随着中国高等教育的飞速发展,经济社会发展对高等学校人才培养的需求,
推动着大学生职业生涯规划理论研究和教育实践获得较快的发展。近年
来,我国大学生职业生涯规划的相关研究也成为学界讨论的焦点,得出一些
重要的结论,形成了一些重要的观点,取得了诸多十分有价值的研究成果。
本研究在已有研究成果的基础上,借鉴社会学的社会网络分析方法,从一个
新的视域,分析影响工科大学生职业生涯规划的社会因素,揭示特定社会关
系网络背景下,社会影响因素对工科大学生职业生涯规划的作用机理,进而
探讨工科大学生职业生涯规划教育改革路径。

第 3 章   研究设计

3.1   核心概念界定

本研究的目的是,基于高等教育目的观的社会本位论,运用社会网络理论和分析方法,采用实证调研所获取的分析数据,分析特定社会网络背景下,工科大学生职业生涯规划的差异性,阐明社会网络支持对工科大学生职业生涯规划的影响,揭示社会网络支持对工科大学生职业生涯规划的作用机理。

根据上述研究目的,拟定研究设计方案。从基本的概念入手,构建理论分析框架,运用定性研究与定量研究相结合的方法,构建社会网络与工科大学生职业生涯规划内在逻辑关系及作用机理的理论分析模型。

3.1.1   职业与职业生涯规划

1) 职业概念阐释

职业是日常生活中十分常见的词汇。谈到职业,人们时常将职业与工作联系起来,但是否能将职业视作为工作,工作与职业的概念范围是否一致,职业是否有与工作一样的内涵与外延,这仍是一个值得探讨的问题。

从学术研究的视角出发,目前职业的含义与内涵仍旧可以有很多有价值的讨论,只有深刻理解了职业的概念和内涵,才能进一步深入探讨工科大学生职业生涯规划问题。因此,界定职业的内涵和特征,是研究工科大学生职业生涯规划的重要理论前提。

在讨论职业的概念和内涵时,无论是从事职业理论的研究者或是从事职业管理的实践者,都从不同的角度对"职业"的概念提出了不同的诠释,主要体现在以下几个方面：

一种观点是，职业是个人在社会中生存的谋生手段的称呼。《汉语大辞典》对职业概念界定：职业是指个人在社会中所从事的作为主要生活来源的工作①。依据此种解释，职业是谋生的手段，体现了职业与人的生存之间的关系。

另一种观点是，职业的称谓带有明显的时代特征。职业概念在一定时期则反映了该职业在当时的社会地位情况，例如曾经在落后经济条件的社会中出现的"仆人""佣人"等，这些职业的称呼在一个特定的经济时代中代表了较低的社会地位和社会阶层。随着社会经济的向前发展以及社会制度的进步，在物质较为丰富的年代，这些职业逐渐从人们的视野消失，取而代之的如"保姆""家政人员"等新的职业，尽管这些职业在特定的语境中似乎仍然带有较低社会地位和阶层的意味，但是毕竟人们已经比较理性地把这些工作定义为一种职业。

职业具有理想化含义。除去在特定化境下对职业定义背后的社会价值观判定，职业是社会分工的产物，职业的产生与社会经济的发展密不可分。职业对应着职场上的专门行业，是对人类劳动的分类。从一般意义上来说职业是参与社会分工，利用专门的知识和技能，创造物质财富和精神财富，获得合理报酬，满足物质生活、精神生活的工作②。

职业在东西方不同的文化背景下有着不同的诠释。东西方在界定"职业"一词时，往往与各自的经济发展水平、社会政治制度以及传统文化背景有关，例如词汇"农民"，在传统社会中，指的是以农业生产作为其安身立命的支柱，在 20 世纪 80 年代以前，我国计划经济时代，"农民"是农村劳动者身份表征，而非现在意义上的职业，而在现代西方社会，农民仅是一种职业，多指在农场工作的工人。

在西方商品经济发达的社会，其通常指"具有一定专长的社会性工作。划分的方式很多，也没有定势，通常以所从事的产业或行业为主，并结合工

---

① 张振刚,雷育胜,等.大学生学习与职业生涯规划[M].北京:清华大学出版社,2014:4.
② 程社明.你的船,你的海——职业生涯规划[M].第一版.北京:新华出版社,2007:4.

作特点混合使用"①。西方学者在讨论职业时,将职业(occupation)、工作(job)和职位(position)进行了区分,美国学者里尔登曾将职业定义为在不同行业或机构中都有的一组相似的"工作"②。舒泊认为,工作是人们对自己认为有价值的或他人所希望的目标所做的系统追求过程③。Nadene 将工作定义为一种有目的性、心理的、生理的或身心结合的活动,这种活动创造经济价值,也为他人提供服务④。

2) 职业的特征

职业是社会分工的产物,社会分工又起源于社会生产力发展的客观需要。可见,职业自其产生之日起,就必然打上了时代生产力发展水平的深深烙印。生产力水平的提高不断地改变社会分工体系,社会分工体系的变化又直接促使职业的分化与演变⑤。

从职业的诞生和发展历史看,职业随着社会分工的细化而逐渐出现,是社会劳动分工的产物。职业的萌芽可以追溯到原始社会,在原始社会初期,人类的劳动分工比较简单,最早是男的打猎、捕鱼,女的准备食物、缝制衣物和照顾小孩,老人和孩子是这些活动中的助手,这种按性别和年龄进行的劳动分工,属于纯粹自然的分工,还不能称这些活动为职业,因此当时并不存在职业。原始社会末期,随着生产力的进一步发展,通过两次社会大分工,农业、畜牧业和手工业分离,出现了最早的、真正意义上的社会分工,它们开始形成专门职业。

随着生产力的发展,到了封建社会末期,随着行业数量的增加,职业的数量以及职业的专业化程度都大大提高。据记载,行业的数量从中国封建社会初期周朝的三四十种,增加到隋朝的 100 个行业,到宋朝达 220 行,直到明朝增至 300 多个,这也成为当时人们把社会职业分工统称为"三百六十行"的缘故。然而这一时期,在各行业内部却没有进一步细分,职业依旧是简单

① 黄飞青.高职学生职业人文素养的基本内涵、基本特点探析[J].科技视界,2013(8):24,29.
② Reardon,Lenz,etc.职业生涯发展与规划[M].候志瑾,伍新春,等译.北京:高等教育出版社,2005:12.
③ 候志瑾. 职业辅导[M].北京:北京大学医学出版社,2008:1.
④ Nadene 等.职业咨询心理学[M].第二版.时勘,译.北京:中国轻工业出版社,2007:2.
⑤ 吴济慧.简析我国职业的产生与发展[J].文史月刊,2012(11):154-155.

标准划分,分化的速度也是比较缓慢的。等到西方社会进入了资本主义时期,在生产力飞速发展的带动下,社会分工开始细化,现代意义上的职业开始出现,正是这种社会分工的细化带来了职业的繁荣。

现代社会社会分工越来越细,职业类型越来越多。1850 年美国曾经进行了专门的职业普查,将当时美国社会行业划分为商业、手工业、制造业、机械和采矿业、农业、林牧业、军界、河海业、法律、医务、神学、教育、政府文职、家庭佣仆、其他行业等 15 个大行业,并列出 323 种职业,1860 年增至 584 种[①]。到了现代社会,科学技术的迅速发展使职业的兴衰演化更加迅速。近年来,随着科学技术的迅猛发展,又涌现出不少新的职业。在我国 1999 年颁布施行的《中华人民共和国职业分类大典》中,依据工作的同一性原则,将我国职业归为 8 个大类,66 个中类,413 个小类,1 838 个细类(职业)[②]。自 2004 年第三季度首次颁行新的职业以来,劳动部在每个季度都要根据社会经济发展需要颁行一些新的职业[③]。

在当今社会,科学技术发展日新月异,不断更新职业所覆盖内涵,对从业者所储备的知识和职业技能也有了更高要求,新职业不断涌现,而职业更新的周期则越来越短。职业在其产生和发展的过程中也不断地形成了其自身的独特特点。

现代社会条件下,职业具有以下特征:

(1)职业具有社会属性。社会属性是职业的本质属性。职业的产生与生产力的发展密不可分,它是社会大分工的结果。职业体现劳动者与生产资料的结合关系,它本质上体现了劳动者之间的社会关系。在市场中,交换劳动产品实质是不同社会职业之间劳动者交换他们的劳动。因此,社会劳动中形成的劳动者与劳动者之间交换关系实质上是社会关系,劳动者之间交换劳动体现了不同职业之间的等价交换关系,据此,可以认为社会属性是职业的本质属性。此外,职业的形成过程也反映了社会的需要,每一次新职业的出现或是职业功能的扩大都是社会需要的结果,这也是职业的社会性

①　石建勋.职业生涯规划与管理[M].北京:清华大学出版社,2012:3.
②　王颖.试析职业的产生和发展与职业教育的关系[J].职教通讯,2013(13):5 - 9.
③　吴济慧.简析我国职业的产生与发展[J].文史月刊,2012(11):154 - 155.

特征的重要标志。因此,职业有着非常强烈的社会属性,正是因为这一特点,职业也成为社会学家们关注的对象,成为社会学研究中的重要命题。美国社会学学者泰勒则认为职业是个人与职业所属的社会最显明的特征之一①。

(2)职业具有规范性。职业规范性是职业的基本特征。职业在社会分工的条件下形成,伴随着日益细化的社会分工,一项工作能够成为一个具体的职业意味着其具备独特的工作流程、操作程序和行动步骤,只有当这一系列活动具备与其他职业相区别的规律性和规范性后,才形成一种新的职业,故而规范性是职业的基本特征。

有学者认为职业的规范性应该包含两层含义:一是指职业内部的规范操作要求性,二是指职业道德的规范性②。第一层含义关于职业的规范性体现是职业的内在本质,反映了操作规范性是所有职业的基本要求,不同的职业具有不同的操作规范,这体现了职业的专业性,也是职业区别的重要标志。第二层含义则上升到道德伦理的范畴,体现了职业在精神层面的要求。这两种不同的规范性赋予了职业规范深刻的内涵。爱弥尔·涂尔干认为任何职业活动都必须有自己的伦理,职业伦理及其作用与群体职业自身的组织呈正向相关关系③。王正平指出职业伦理又称职业道德,通常既是指人们在社会职业劳动过程中所遵循的基本道德价值理念或原则,应当遵守的具体行为规范、准则、戒律,又是指人们在职业劳动中的日常道德实践活动,以及社会组织、职业团体为提高职业人员的伦理道德水准而采取的道德评价、监督和管理的实践④。20世纪中期,学术界在推动对工商职业伦理研究的同时工程伦理也在这一时期进入了人们的视线,1932年美国工程师职业发展委员会(ECPD)成立并有意识地综合了各种章程条款,使工程伦理得到了一定的发展⑤。

---

① 泰勒.职业社会学[M].张逢沛,译.台北:复兴书局,1972:7.
② 彭军.职业角色与职业声望初探[J].湖南科技学院学报,2007(8):78-80.
③ 爱弥尔·涂尔干.职业伦理与公民道德[M].渠东,付根德,译.上海:上海人民出版社,2006:13-24.
④ 王正平.美国职业伦理的核心价值理念和基本特点[J].道德与文明,2014(1):141-149.
⑤ 王正平.美国职业伦理的核心价值理念和基本特点[J].道德与文明,2014(1):141-149.

（3）职业的稳定性。职业是从业者稳定的、连续的活动,职业对于从业者而言在一定时间段中处于稳定状态,具有稳定性。在人类历史上,许多职业的具体从事内容虽然有了较大变化,但是千百年来基本内涵和特征没有改变,职业内涵的连续性和稳定性非常鲜明,如教师职业、医生职业等。

（4）职业的经济性。从职业的概念和内涵来看,职业有着非常强的经济性特征。因为职业是人的社会角色的重要体现,是劳动者能够相对固定地从事某项有酬工作而获得的劳动角色。国内外的权威词典中通常将职业界定为使得社会成员获得主要生活来源的活动,"职业"的目的就是满足社会成员生存的需要。从管理学角度看,舒伯在解释职业发展的概念时曾提出职业是一种连续不断、循序渐进且不可逆转的过程。从经济学角度看,职业是为了满足人们日常生活需要,具有工作能力的人通过发挥个人的能力,持续为社会作出贡献的经济活动。中国学者王博认为职业行为是一种典型的交易行为,是个体通过自身劳动换取劳动报酬的交易行为[①]。上述学者尽管从不同的学科的视角阐述了职业的目的以及周期,但都从不同侧面反映了职业的经济性特征。

因此,职业作为从业者的一种经济活动,经济性是它的内在特征;职业意味着从事该项工作的人可以通过职业谋生或以其获利,而也正是由于从事某种职业可以使人获利,才使得更多的人愿意从事该职业,一种工作也因此可能变成为一种职业。职业的经济性在微观层面上体现为通过职业活动中满足从业者的经济利益需要,在宏观的层面上则是职业的产生以及职业活动推动了社会经济的发展。

（5）职业的技术性和时代性。职业的技术性指不同的职业具有不同的技术要求,每一种职业往往都表现出一定相应的技术要求或是专业要求,并且不同的职业的技术性要求千差万别。从词义角度分析,"vocation"和"career"在英文中两词均包含了关于职业的一般意义。如天职、禀性、专业、生涯等意思,常常用于表达个人的职业能力和职业心理。从管理学上来说,职业一词往往隐含着具有一定技术含量或具有专业技能的工作的意思。职业起源于社会分工,不同的社会分工意味着不同的技术、能力要求,从而

---

① 王博.现代社会职业存在的模式探析[J].职教通讯,2010(3):19-23.

衍生出不同的职业,而每一个职业对于本职工作的职责要求、专业知识和技能都有特殊要求,不同职业在技能上的要求是千差万别的。因此专业性和技术性也是职业的重要特征。

从职业的诞生以及发展过程来看,职业并非一成不变,职业在一定的时空中具有时限性,职业的时代性指职业会受到所处时代的技术变化、社会分工细化甚至是人们生活方式的改变而导致其也随之变化,具有鲜明的时代性特征。

3) 职业生涯

生涯指从事某种活动或职业的生活,也指生命、人生。英语中用"career"表达生涯,指个体从事某种活动或职业的生活经历。

生涯具有以下特征:

(1) 方向性:它是生活里各种事态的连续演进方向。

(2) 时间性:生涯的发展是一生当中连续不断的过程。

(3) 空间性:生涯是以事业的角色为主轴,也包括了其他与工作有关的角色。

(4) 唯一性:个体的生涯发展都是唯一的,不可复制的。

(5) 主动性:人是生涯的主动塑造者。

生涯是认知主动活动的过程,人是职业生涯的主动塑造者。以下概念较为深刻地阐述了生涯是主动的过程。

(1) "延续一定时间(time extended)"是指生涯不是作为一个事件或选择的结果而发生的事情。"生涯在本质上是持续一生的过程。它受到个人内在和外在力量的影响"[①]。

(2) "创造出(working out)"指生涯是"一个人的愿望与可能性之间、理想与现实之间妥协和权衡的产物。生涯发展是一系列选择连续进行的结果"[②]。

(3) "有目的的(purposeful)"是指对个人来说生涯是有目的地完成某个

---

① 刘海峰,刘晓坤.职业指导在促进高校毕业生就业工作中的作用和重要性[J].人力资源管理,2013(3):127-129.

② 籍敏.中美两国大学本科生"职业生涯教育"教材的比较研究[J].当代教育科学,2010(12):25-28.

经历。

（4）"生活模式（life pattern）"在这里意味着"生涯不仅是一个人的职业或工作，还包括生活中的各种角色担当"①。

（5）"工作（work）"是一种职业活动，这种活动可以为自身和社会创造价值。

职业生涯的含义同样具有一定的时代性。在70年代职业生涯专指与工作相关的各个方面的内容。随后"职业生涯"的概念中又吸纳了关于个人、社会以及经济生活等方面的内容。中国职业规划师协会将生涯定义为：人一生中的职业历程，人的职业生活在人的生涯中占据核心与关键的位置。

不同的人对职业生涯有不同的理解，但作为一种客观的存在，职业生涯有以下基本涵义：第一，职业生涯与个体的职业生活经历有关，是一个个体概念。职业生涯的核心是职业，主要指个体在一生中的职业经历或历程。第二，生涯也是一个时间概念，有时间上的期限。个体之间职业生涯的长短有明显差别。第三，职业生涯是一个动态变化的概念，个体在其职业生涯期内，职业的内容、性质、职业发展状况等都是有变化的。

据此，职业生涯是一个人一生的工作经历，特别是职业、职位的变动及工作理想实现的整个过程。职业生涯具有以下特征：

（1）从发展过程的观点来看，职业生涯就是个体在一生中所从事的职业和扮演的职业角色，个人的职业发展过程是职业生涯的重要内容。

（2）职业生涯是"以心理开发、生理开发、智力开发、技能开发、伦理开发等人的潜能开发为基础，以工作内容为确定和变化，工作业绩的评价，工资待遇、职称、职务的变动为标准，以满足需求为目标的工作经历和内心体验的经历"②。

（3）职业生涯对每个个体而言都是非常重要的，是个体人生中的一段重要历程，职业生涯体现了个体的人生价值。

（4）职业生涯是动态的独一无二的过程，个人的职业生涯包含职业内容的变化，职业岗位的变化，这是一个动态的变化过程，对于每一个职业人而

---

① 孙冬娅.机械类大学生如何建立大学生生涯规划[J].才智,2011(3):336.
② 程社明.职业生涯的开发与管理[J].中外企业文化,2003(2):37-39.

言,其差异性巨大,每一个人都有一个与众不同的职业生涯。

(5)职业生涯的管理是进行个人合理的职业生涯规划。根据中国职业规划师协会定义:职业生涯成长分为两个方面,一是外职业生涯(对外在职场而言),二是内职业生涯(对个人自身而言)。外职业生涯是指从事职业活动时所涉及的外部条件及其变化,例如工作的单位、工作的内容、职务、工作环境、工资待遇等及其变化。内职业生涯是指从事某职业时所具备的知识技能以及职业观念等心理因素或能力条件,每个人都具有独特的内职业生涯。

(6)外职业生涯和内职业生涯二者的关系。外职业生涯,是由外部条件给予的,为职业发展提供的上升通道,往往是根据用人单位的需求来进行设计。外职业生涯依赖于外部环境条件,但同时会因为内职业生涯的发展而变化;而内职业生涯是个人根据自身特点结合外部需求为自己设计的职业发展道路,内职业生涯的发展由个体自己控制,内职业生涯发展是外职业生涯发展的内因。

4)职业生涯规划

(1)职业生涯规划含义。在人的整个生命旅程中,存在社会生命周期、生物生命周期和职业生涯周期。其中,职业生涯周期在人的生存和发展过程中发挥着重要作用。一般来说,从进行职业前准备开始到离开职业工作的漫长时间里,职业生涯周期占据了个体生命的大部分时间。职业生涯规划简单来说,就是对影响职业生涯发展的经济、社会、心理、教育、生理等各种因素的选择和创造,它通常建立在个体对自我全面、深刻的认识的基础之上,需要结合自身发展的一般性特点[1]。

职业规划(career planning)也叫"职业生涯规划"。职业生涯规划是个人结合自身情况及眼前制约因素为实现一生的职业理想而确定行动的目标、方向、时间和方案,并进行相关努力的过程[2]。职业规划是一个动态持续的过程,每个人要根据环境的变化,而不断地自我规划,最终实现自我目标和价值。

---

[1]   曾蓉,盛友兴.高校学生生涯规划教育模式实践研究[J].山东社会科学,2011(12):245-246.
[2]   王沛.大学生职业决策与职业生涯规划[M].北京:科学出版社,2007:63.

　　目前对职业生涯的含义还没有统一的认识,从不同的角度解读其内涵,有不同的界定。国内有学者认为职业生涯规划是根据对自身的主观因素和客观环境的分析,确立职业生涯发展目标,并选择实现这一目标的职业以及制定相应的工作、培训和教育计划,采取必要的行动实现职业生涯目标的过程①。也有学者认为职业生涯规划是对个人职业发展道路的设想和规划,包括职业领域中的发展或成就等。关于职业生涯规划的内涵探讨主要有以下几种观点。

　　其一,职业生涯规划是对未来的职业岗位的选择和发展前景的设想。马玉娟(2008)认为职业生涯规划是个人和组织相结合,个人有目的地对自身的知识技能、职业兴趣和其他特点进行综合分析认知,并结合时代特点获取职业信息进行职业规划、选择的过程②。赵辉(2008)认为职业生涯规划是个人对自己职业生涯发展总体计划和总廓的勾画,具有全局性、目标性、长期性的特点,指明了个体职业发展的途径和方向③。

　　其二,职业生涯规划不仅是职业方向和职业目标的选择过程,并且包含实现目标的行动步骤。钟谟智(2007)认为职业生涯规划(career planning)是指确立职业方向和目标,并采取行动实现职业目标的过程④。沈道海、王保义(2008)认为职业生涯规划是个人在从事职业之前或职业发展过程中,结合自身情况以及影响职业发展的制约因素,为自己确立职业目标,选择职业道路,编制职发展计划,确定行动时间及制定行动方案的综合。它主要着眼于未来的发展,强调规划的可行性与可操作性⑤。程绪彪(2008)认为职业生涯规划是指在一个人职业生涯的主客观条件进行测定、分析、总结研究的基础上,尤其在对个人所拥有的职业资源状况,做出较为准确的判断后,最终确定其最佳职业,以及定位在该最佳职业上的奋斗目标,并为实现这一目标做出切实有效的安排⑥。

　　① 　程社明.职业生涯的开发与管理[J].中外企业文化,2003(2):37-39.
　　② 　马玉娟.大学生职业生涯规划现状探析及对策研究[J].中国就业,2008(9):34-36.
　　③ 　赵辉.大学生职业生涯规划的现状调查与分析[J].中国教育技术装备,2008(18):11-12.
　　④ 　钟谟智.大学生职业生涯规划探析[J].教育与职业,2007(12):46-47.
　　⑤ 　沈道海,王保义.大学生职业生涯规划理论"本土化"论析[J].黑龙江高教研究,2008(4):118-120.
　　⑥ 　程绪彪.大学生的职业生涯规划探析[J].池州学院学报,2008(5):139-156.

综上所述，职业生涯规划是个体在综合分析主观和客观因素基础上进行职业定位，确定职业目标，设计职业通道的过程。职业生涯规划一般包括自我剖析、目标设定、目标实现策略、反馈与修正四个方面。自我剖析就是全面客观地自我分析，目标设定是在自我剖析的基础上，明确职业目标，包括职业选择和定位。目标实现策略是为实现职业目标采取的具体行动和措施，反馈和修正是在实现职业生涯目标的过程中根据具体情况，对自我认知和职业目标进行调整。

（2）职业生涯规划理论。职业生涯发展理论起源于美国，最早是以"职业指导"形式出现的。学术界一般把 1908 年美国弗兰克·帕森斯（Frank Parsons）在波士顿创办职业指导局作为职业指导正式创立的起点[①]。

美国职业管理学家舒泊（Donald E. Supper）以年龄为划分标准，将职业生涯阶段分为成长阶段、探索阶段、确立阶段、维持阶段和衰退阶段等五个发展阶段[②]。并分析了不同年龄阶段个体特征、知识水平要求对其职业偏好的影响。但是由于职业生涯是一个持续不断的过程，各个阶段之间并没有明确的界限，尤其还会因为个人条件的差异及外在环境的差异而有所不同，使得该理论在实践方面存在困难。

美国著名的职业指导专家金斯伯格（Eli Ginzberg）是职业发展理论的先驱者。他的研究重点是探讨童年到青少年阶段的职业心理发展过程，研究美国富裕家庭的人从童年到成年早期和成熟过程中的有关职业选择的想法和行为，他将职业生涯发展分为幻想期、尝试期和现实期三个阶段[③]。

金斯伯格认为职业选择是个长期的过程，个体在选择职业时，不仅要考虑自己兴趣、能力与价值观的发展，还要与社会需要之间实现平衡，最终的职业选择是个体理想与可获得的现实可能性中做出的妥协[④]。

依据金斯伯格理论，个体的职业选择的自由度是有限的，你可以按自己

① 孔春梅，杜建伟.国外职业生涯发展理论综述[J].内蒙古财经学院学报（综合版），2011(3)：5-9.

② 张振刚，雷育胜，等.大学生学习与职业生涯规划[M].北京：清华大学出版社，2014：4.

③ 姚裕群.生涯的演进过程分析——金兹伯格与萨帕的职业发展理论[J].中国人才，2000(11)：41-42.

④ Isaacson，Lee E.Career information in counseling and teaching [M].Boston：Allyn and Bacon，1977：47.

的兴趣、能力和价值观选择职业,可是雇主与职业本身反过来又会按职业的要求挑选你。金兹伯格理论还说明,对每一个人来说,完美无缺的工作是不存在的,没有一项工作可以让个人获得完全的满足,因为职业选择不能完全按照个人的希望与爱好,还要受自己能力与社会需要的限制。大学生的年龄处于金兹伯格理论的"现实阶段",因此,他们已经完全有能力把兴趣、能力、价值观和社会客观需要协调起来。

在 20 世纪 90 年代,职业生涯规划理论传入中国,逐步成为理论界研究的热点问题。目前,有很多专家和企业家著书立说,探讨职业生涯规划理论,大学生职业生涯规划已成为研究热点,但是研究仍然局限于实践层面,多以探讨大学生职业生涯规划的实践策略为主。

(3)职业生涯规划的功能。职业生涯规划并非伴随职业诞生之初就出现,从职业的诞生及发展历程来看,职业的产生来自社会大分工的出现,职业的种类随着社会分工的细化而逐渐增多,同时也随着社会需求的变化而增加或减少。在尚未形成大规模社会分工之前,职业的种类极少,一般为农业、手工业、商业,这些职业的工作内容简单,多为带有规律性的重复性劳动,行业与行业间的差距比较大,从事上述职业的人很少跨行业流动,通常会终生从事一项工作,并无职业规划的概念。从职业的继承性来看,这些职业通常是家家世代传承的模式,大都由父母传授给子女,子女继承祖辈的职业进入相同的行业,又或者秉承师徒模式,由师傅直接将职业相关的知识与技能传授给徒弟,徒弟在选定师傅的同时也就意味着会终身从事该项职业。因此,未进入工业化时代前,职业等同于谋生的手段或一门手艺,不可能存在职业选择的问题,更无从谈起进行职业生涯规划。工业革命后,工业科技的逐步发展推动了产业乃至社会经济的发展,科学技术水平的提升促使产业更替频繁,变化迅速,社会分工更加细化,生产过程复杂化,产品的范围和数量大大增加,行业和职业类型的增加,对行业的要求更加复杂和专业,与此同时,劳动人口的流动性加剧,产生了职业更替的需要。由于行业种类与职业的种类的变化,对于职业的要求也更趋复杂与专业,职业技能的传承方式也由传统的家传模式或师徒模式转变为通过接受相关的职业教育来掌握,人们在面对众多的职业时就需要做出一定的选择,此时职业生涯规划的产生就很有必要。

按照美国的职业分类大典记载,目前已有三万种以上的职业,在我国颁布的《中华人民共和国职业分类大典》中我国职业也有 8 个大类,1 838 种职业。从而,年轻人难以分辨如此多的职业,也无法把握职业复杂的内涵,家长以及亲戚朋友也没有专业知识来帮助他们选择适当的职业。从而使得确定一项理想的职业并顺利实现它并非易事,进行有计划的规划职业就非常有必要,这种规划被称为职业生涯规划。职业生涯规划最早起源于 1908 年的美国,当时由弗兰克·帕森斯(Frank Parsons)为解决年轻人的就业问题而成立了世界上第一个职业咨询机构——波士顿地方就业局,并首次提出了"职业咨询"的概念,开始系统地帮助年轻人进行职业指导①。到 20 世纪五六十年代,舒伯等人提出"生涯"的概念,并将生涯的概念与职业规划联结在一起,职业生涯规划就不仅是停留在就业指导的层面,而是帮助人们系统地进行职业选择和职业发展。

职业生涯规划对于人们在选择理想职业,追求个人职业发展具有至关重要的引领和推进作用。对年轻人而言,职业选择是否适当,个人在职业道路上的发展情况怎样,都将会影响个体事业的发展以及幸福感的获得。如果每个人都职业规划适当,那么,不仅个体都能获得事业上的发展,而且社会也会因为人力资源分配得当获得更快发展。

(4)职业生涯规划的目的。职业生涯规划最重要有两个主要目的。

第一,找到适合自己的工作,其核心是人职匹配。职业生涯规划的主要部分是分析、定位,它决定个人职业的发展,还决定职业生涯规划的成败。在进入职场之前先要进行职业生涯规划,而职业生涯规划的起点是准确的自我定位。职业兴趣、能力和职业价值观的评估可以通过可靠的测量工具来衡量,这些工具都是职业规划的基础。职业规划基于这些指标的评估结果,结合个体的资历、经验,并能够将这些优势整合到一起,从而形成个体的核心职业竞争力。

第二,通过职业生涯规划谋求在职业领域的发展,开发各个事业阶段的发展平台,同时提出达到各种平台的计划和措施,然后根据市场条件的状

---

① 张振刚,雷育胜,等.大学生学习与职业生涯规划[M].北京:清华大学出版社,2014:2.

况,职业的前景,考虑如何增加相应的知识、技能、人脉,以及如何上升到上一级平台,在制定好相应的职业目标定位后,寻求可靠的上升途径从而实现职业理想。

(5)职业生涯规划的特征。根据职业生涯规划的目的,可以发现身处劳动力市场上的职业人在进行职业生涯规划时具有以下几个特征。

第一,个人内在的要素影响其职业选择或生涯规划。这些要素包括个人的职业性格、职业倾向以及职业价值观。职业性格是影响职业生涯规划的个体因素中的基本要素,职业性格决定了个人是否适合从事相应的工作,在选择某个职业后又是否能够在职业生涯中获得发展,它是一种影响职业选择的潜在隐形要素。职业倾向在职业选择过程中发挥着重要作用,职业倾向影响着职业人能否长久地从事某种职业并在工作中获得满足,是职业幸福感的根本来源。职业价值观又称为工作价值观或择业观,是个人人生目标和人生态度在职业选择方面的具体表现,也是个人对职业的认识和态度以及对职业目标的追求和向往[①]。职业价值观体现了个人的理想、信念以及人生世界观对于职业的影响。职业价值观是一种具有明确的目的性、自觉性和坚定性的职业选择的态度和行为,对一个人职业目标和择业动机起着决定性的作用[②]。显然,有一定工作经历的人,对职业岗位的认识更加深刻,通过在岗位上的实际工作,也充分体会到岗位的性质以及自己是否适合该职业,对于职业兴趣有了更加明确的判断,职业价值观也更加成熟。

第二,已经具备一些职业经验的职业人在进行职业生涯规划时,他可以根据其自身已经有的商业价值来进行相关职位的定位规划。自身的商业价值包括已具备的知识、技能、经历和人脉。有一定工作经验的职场人,通过在岗位上的实际工作积累了从事某职业的知识和技能,在工作过程中也积累了处理工作中一些问题的经验,以及从事相关工作的经历。同时,在现代社会工作中常常鼓励团队合作或与人打交道,因此不管是工作需要或是工作的自然过程中与人有所交流,这使得职场人都会或多或少积累相关行业或岗位的人脉。这些由工作中带来的商业价值,对于已有工作经历的人来

---

① 于晓霞.高校辅导员队伍职业化发展的内在动力研究[J].中国电力教育,2012(9):108-109.
② 肖瑶,黄孝红.立德树人之高职学生正确职业观培养研究[J].知识经济,2017(1):167-168.

说,他在进行更加长远的职业生涯规划时,其可以参考和利用,这也是他们在职业生涯规划时所具备的重要优势。

第三,职业人在进行职业生涯规划时会考虑到职业岗位的社会需求以及职业岗位的社会声誉。与还未走上工作岗位或还未思考过自己未来职业发展的人相比,已经在劳动力市场上谋取职业的人在进行职业生涯规划时并不是盲目或仓促地做出选择,他们会较多地考虑某个职业的社会需求,会根据劳动力市场上的岗位需求变化来调整自己的职业生涯规划。而对于职业岗位的社会声誉也是比较关注的,在现代社会,职业不仅是谋生的手段,同时也是个人社会地位和社会阶层的标志。因此,在进行个人职业生涯规划时,尤其是在积累了一定的工作经历和人脉后,多会追求社会地位的提升,这种提升体现在职业规划上即为优先考虑职业的社会声誉情况,倾向于规划进入比目前职业岗位拥有更高社会声誉的职业岗位。

第四,一般的职业人在进行职业生涯规划时会考虑到社会资源的可获得性,即能否比较容易获得社会资源支持是职业生涯规划的重要考量依据,对于如何提高职业生涯规划的成功率,社会资源的可获得性占着极为重要的地位,因为社会资源的可获得性决定了职业规划实现的难易程度。社会资源的可获得性与规划者的工作经历、人脉圈相关,工作经历越丰富人脉圈子越广的职业人越容易获得与其规划相关的各种信息或其他资源。

同时,由于职业生涯规划不是个体孤立的行为,每个规划者个体所处的家庭状况、组织结构以及社会环境都会对个体职业生涯规划产生深刻影响,并且随着个体职业价值观、家庭环境、工作环境和社会环境的变化,每个人的职业期望都有或大或小的变化。可见,职业生涯规划又是一个动态变化的过程。

因此,对于已经进入劳动力市场的职业人而言,其在进行职业生涯规划时通常会基于上述四个特征,在综合分析与权衡的基础之上确定自己在当下的时间状态下的一个最适合的职业发展方向。

(6)职业生涯规划的三要素。职业生涯规划是个体职业选择和职业发展战略规划,更是将职业选择付诸实现的行动步骤。职业生涯规划应该包括职业选择、职业目标定位和职业通道设计三个要素。

第一,职业选择是职业生涯规划的前提和基础,如果没有任何明确的职业岗位的选择,进行所谓的职业规划只能是盲目的,职业规划的过程也是不可预控的,而且未来职业生涯发展也是不可预期的,职业生涯规划也就失去了意义。职业选择是职业生涯规划的第一步,在进行职业选择时需要将个体自身的职业兴趣、个体的职业价值观以及个体对职业的认知与现有社会职业需求进行匹配,职业选择的过程也是个体拥有的职业知识、技能、职业观与社会职业资源进行匹配的过程。

第二,职业目标定位是职业生涯规划中的重要环节,职业选择是选定一种职业种类,而职业目标定位更为聚焦,它是个体对具体职业岗位目标的定位。一旦职业选择确定后,个体需要进行基本职业目标定位,职业目标定位是对其在职业道路上的职位目标或发展目标进行设计与定位,需要个体对自身的技术能力、专业水平、单位的性质、规模,自我薪酬的心理价位等进行综合考虑后,认为最合理,也是能够实现的职业岗位期待。有了目标期待,在进行职业生涯规划时,尤其是进行职业通道设计时就不会盲目,会更有针对性和目的性。

第三,职业通道设计是职业生涯规划能够实现的重要环节。职业选择和职业目标定位的真正实现是需要通过职业通道设计,即是运用什么方式或通过何种方式实现职业选择以及职业岗位目标。职业通道设计是职业生涯规划中最为重要,也是最具有个体特征的步骤,由于每个个体在职业选择和目标定位上的差异,以及各自不同的资源条件、心理状态甚至不同的职业价值观,使得个体在进行职业通道设计时会进行不同程度的权衡与妥协,最终确定自己的职业实现路径。

3.1.2　工科大学生职业生涯规划

1)大学生职业规划

(1)大学生职业生涯规划内涵。大学生职业生涯规划是指在校大学生在学校的帮助下,通过内在因素评估和外在因素分析,结合职业理想和职业期望,对标经济社会发展的职业需求,规划大学阶段的学习、生活、工作,提高个人的综合能力素质和职业竞争力,实现与理想职业相匹配的教育学习实践活动。大学生职业生涯规划的实施对象是学生自己,高校在学生进行职业生涯规划的过程中应给予全面的咨询辅导，并提供合适的教育学习条件。通过职业生涯规划，大学生对自己有更科学和理性的认识，也对社会职业需求有更清醒的了解，从而促使他们提高个人的综合素质，谋求在理想职业上的发展，满足社会职业的需要，最终实现个人的职业理想和价值。

关于大学生职业生涯规划教育引导问题，是国内外高等教育领域研究的热点问题。国外学术界关于大学生职业生涯规划教育引导的研究，主要运用职业心理学方法，聚焦于微观领域个体职业生涯规划设计的差异性研究，通过描述个体行为差异性，揭示大学生职业生涯规划行为的内外部影响因素。国内的相关研究主要集中在大学生职业生涯规划教育引导的必要性、重要性，多数研究是针对高等学校大学生职业生涯规划教育引导所面临的问题展开的。王云飞、方绪军(2011)在对大学生职业生涯规划研究综述中称：大学生职业生涯规划就是大学生在结合自身主客观条件的基础上找到未来职业的方向，制定职业规划并在未来的生活中积极努力去实现的一种寻求自我实现活动[1]。他们认为职业生涯规划对大学生的成长和发展具有重要意义。邓纯仁(2011)认为引导大学生理性地规划自己的职业生涯，有利于帮助学生发现和发展自己的能力，并确立正确的价值观、职业动机和人生抱负，最终实现人生的价值[2]。姚新华(2011)认为职业生涯规划利于引导学生正确认识自我，确定职业目标，帮助学生了解社会，调整职业期望，促进学生理性择业，实现自我价值[3]。

(2)大学生职业规划要素。职业生涯规划有五个要素：了解自己的长处，了解职业的要求，选择合适的职业，确定恰当的职业目标，采取有效的行动。了解自己的长处，了解职业的要求是基础；选择合适的职业，确定恰当的职业目标，采取有效的行动是规划的核心。

据此，大学生制定职业生涯规划，也要考虑这五个要素。大学生职业生涯规划往往从进入大学就开始了，最初，大学生的职业生涯规划概念是不清晰的，主要来自他们对于职业与未来的思考，如"大学毕业后我想做什么？"

---

①　王云飞,方绪军.大学生职业生涯规划综述[J].保健医学研究与实践,2011(1):81-84.
②　邓纯仁.职业生涯规划视野下的大学生就业主体性研究[J].教育与职业,2011(3):82-83.
③　姚新华.大学生职业生涯规划研究[J].教育与职业,2011(3):84-85.

"大学毕业时我能否找到一份合适的工作?",在持续的大学学习生活中,职业生涯规划也逐渐清晰起来。

首先,大学生在规划职业生涯过程中,了解了自己在知识能力上的优势和劣势,准确定位未来的职业目标,其实质是学生对于自身的客观认识和对外部环境的判断。并以此来安排大学阶段的学习生活,扬长避短,强化优势,同时弥补短处,提高自己的核心竞争力。

其次,大学生开始结合自身的特点,关注外部就业环境,关注社会职业的要求和标准,了解最新的行业职业信息,并将职业理想逐步具体化,用外界的职业需求与职业要求指导大学期间的学习生活,形成与理想职业岗位相匹配的职业价值观。

再次,了解了社会职业需要后,将个人所具备的知识、技能与职业岗位的要求进行对标,确定自己的优势和劣势,同时利用学校所提供的教育和条件,强化优势形成核心竞争力,弥补短处,提升自己的职业竞争力,选择合适自己的职业岗位,基本确定未来的职业方向。

最后,职业生涯规划不是选择了职业就此止步,职业生涯规划是一个动态的过程,大学生还需要为自己的职业目标定位,即在未来选择的职业上有何种发展,需要对自己的职业潜力进行判断预估,从而选定适合自己发展的职业生涯路线,为了实现自己的职业选择和职业目标,工科大学生需要选定必要的措施和手段,保障目标职业理想的实现。

(3)大学生职业生涯规划的特点。

第一,职业生涯规划具有鲜明个性。不同的人有不同的职业生涯规划,这是其重要特点之一。职业生涯规划针对的是个人,不同的学生有不同的个性特征和能力特点,也就自然而然产生不同的职业生涯规划方案,而个人是职业生涯规划的主角,在进行职业生涯规划的过程中需要充分发挥自己的特长优势,体现因人而异。

第二,职业生涯规划具有目标性。规划是有目的的行为,职业生涯规划是通过设计职业目标,确定职业实现的路径,引导大学生有计划地实现个人未来的职业目标。

第三,职业生涯规划具有动态性。职业生涯规划不可避免地要受到来自自身及社会其他因素的影响，它不是一成不变的，而是一个需要不断反馈、调整、修订的过程，伴随着大学生面临的内外部环境因素的变化，职业选择、职业目标和方向常常需要调整，实现职业生涯规划目标的途径也需重新订正。

第四，职业生涯规划具有可操作性。职业生涯规划不是空中楼阁，也不是大学生一时兴起的职业幻想，它是精心策划、悉心安排，能在预期的时间之内通过努力实现的计划，因此，它也必须是一套可以协调大学生个体知识能力与现代职业需求的操作方案，具有可行性和易操作性。

第五，职业生涯规划具有时效性。作为对未来职业生涯的规划，职业生涯规划的长期性与职业生涯一样的漫长，职业生涯规划并不仅是解决就业的问题，它更是关系到大学生一生事业的发展，因而，职业生涯规划的时间维度是长期的，进行规划时也是深谋远虑的。

大学生的职业生涯规划与企事业单位员工的职业生涯规划是有很大区别的，已经在职业岗位上工作的员工其职业生涯规划更具有稳定性，而大学生的职业生涯规划则因为可变因素太多而常常变化。通常在大学的不同阶段，大学生的职业生涯规划也有较大差异，大学一年级学生的职业生涯规划，一般只有模糊的职业理想和规划意识，大学二、三年级学生的职业生涯规划开始有比较明确的职业目标和较为具体的职业生涯规划概念，大学四年级学生则较为清楚地将个人职业理想与具体职业的要求进行匹配，并据此有针对性地提升职业技能和水平。在大学生进行职业生涯规划的过程中，大学生为主体，学校、同学以及其他相关人员都扮演着重要的角色，大学生的社会网络对大学生的职业生涯规划无疑有着重要影响。

2) 工程师职业特征

工科大学生的职业生涯规划是以工程师为目标的，工程师是现代工程技术职业岗位。现代工程是人们运用现代科学知识和技术手段，在社会、经济和时间等因素的限制范围内，为满足社会某种需要而创造新的物质产品的过程[①]。现代社会的复杂性使得现代工程具备了从前的工程活动所没有

---

① 邓红星，孙凤英，张文会.基于现代工程理念的创新型人才培养[J].中国高等教育，2010(8)：73-74.

的复杂性和系统性。随着现代工程技术的飞速发展,现代工程的理念、现代工程技术的更新换代、工程技术手段的不断革新,以及现代工程面临的物理环境和社会环境都发生了巨大的变化。支撑现代工程发展的重要人力资源是现代工程技术人才,现代工程的复杂性和综合性对工程技术人才的能力和素质尤其是综合素质提出了更高的要求。这体现在现代工程技术人才的能力和素质不仅要能适应现代工程的发展,同时还要在工程实践中推动着现代工程的发展。

因此,现代工程技术人才综合素质和能力培养得益于优质高等工程教育。高等工科院校应当明确人才培养的职业目标是优秀工程师。工程师职业的专业基础是工程技术类学科专业,优秀工程师需要具备良好的职业素质和职业能力。深入了解工程技术人才综合素质的特征,推进工科大学生综合素质和职业能力培养,对于实现高等工科院校人才培养目标,推动现代工程的发展具有重要的现实意义。

我国高校的工程技术类学科专业与一般学科专业不同,有着鲜明的学科专业特征。

(1)工程技术专业。随着人类文明的发展,人们运用工具建造出了结构复杂、功能多样化的产品,或是运用各种各样的单一的产品形成更大、更复杂的"人造系统",例如建筑物、铁路工程、机械设备、新型交通工具等,此时,出现了"工程"的概念,而且它逐渐演化为一门独立的技艺和学科。"工程"一词最早出现在十八世纪的欧洲,当时其含义主要指有关兵器制造、具有军事目的的各项活动,后来"工程"的运用范围扩展到许多其他领域,如屋屋建造、机器制造或桥梁公路等建设领域。

在现代社会中,"工程"一词有广义和狭义之分。就狭义而言,工程可以被定义为:"以某组设想的目标为依据,应用有关的科学知识和技术手段,通过有组织的一群人将某个(或某些)现有实体(自然的或人造的)转化为具有预期使用价值的人造产品过程[①]。"而"工程技术"一词诞生于工业革命以后,工程技术是在社会生产中实际应用的技术,工程技术是在工业生产过程中应用科学知识或技术开发的手段和方法,以达到改造自然的目的。

---

① 刘楠.工程任务课程化在房地产法规课堂中的应用[J].职业技术,2011(10):54.

随着科学技术的发展,工程技术的概念和方法已渗透到现代科学技术和社会生活的方方面面,工程与其他学科结合更加紧密,出现了更多与工程相关的新称谓、新的学科领域,例如生物遗传工程、医学工程、系统工程等。工程技术已经突破了工业生产技术的范畴,显示出广阔的发展前景。

(2)工程技术的特征。工程技术是人类改造客观自然界的手段和方法。工程技术具有以下四个方面的特征:首先,实用性。也就是说,工程技术要能够直接用于人类改造自然的各个领域,离开了实用性,工程技术就没有实际价值。其次,可行性。工程技术用于某个具体的工程技术项目,有具体目标,并受各类条件约束,因此,工程技术必须具有可行性,才能发挥应有价值。再次,经济性。促进经济、社会发展是工程技术项目实施的首要任务,追求良好的经济效果是工程技术运用的目标之一。最后,综合性。多学科的综合运用是工程技术特征之一。工程技术项目实施往往要运用基础科学、应用科学等多学科的知识,甚至要运用社会科学的知识,随着工程技术的发展和进步,综合性愈来愈显著。例如,现代大的工程项目是由人力、资金、能源、信息系统(指标、进度、数据、图纸、方案、决策等)和控制系统组成的复杂的综合系统。

综上所述,工程技术的应用性、可行性、经济性和综合性特征,体现了现代工程技术发展的规律性。

3)工科大学生职业规划

工科大学生作为大学生群体中的重要组成部分,由于专业的专业性较强,同时未来职业方向相对比较明确,如果能把握职业生涯规划的特殊性,工科大学生规划职业生涯会更加明确,职业选择、职业目标定位以及职业通道设计将更有针对性和目标性。

(1)工程技术的发展对工科大学生职业生涯规划的影响。具体而言:

第一,工程技术的发展改变了工程教育的内容和形式。与其他类型的大学生相比较,工科大学生在大学中接受的是高等工程教育,在高等教育中任何教育的内容和教学的方式都具有时代性,并随着所在领域知识的新旧更替而不断变化,尤其是工程技术类的知识其变化更替更是频繁,工程教育既包括工程技术的一般知识,同时也反映当前前沿的工程内容和技术方法,工程教育的内容和教育的方式随着现代工程技术的发展而不断更新和调整,因此,工程教育的内容随着工程技术的发展而变化,工程教育的内容和方式与当前社会中工程技术的发展阶段密切相关。对于工科大学生来说,他们在接受工程教育时,其知识结构能力水平实际上受到现代工程技术发展现状的影响,而这成为工科大学生职业生涯规划的潜在影响因素。

第二,工程技术的发展改变了工科大学生的职业选择范围。职业选择是职业生涯规划的前提条件,而职业选择是个人能力条件与职业岗位要求的平衡博弈后的行为选择。成功的职业生涯规划不仅要考虑个人能力条件与职业岗位的匹配程度,更要考虑职业岗位的需求变化,不断调整个人的知识能力结构使之适应职业岗位的变化。对于工科大学生而言,其职业生涯规划必定要与社会上工程技术类职业的需要相适应,而随着工程技术的纵深发展,伴生而来的是许多新的职业,这些新职业将会成为工科大学生在进行职业生涯规划时的新选择和新目标。同时,随着工程技术的更新换代,一些不再满足市场需求的旧职业开始消亡,这对于正在进行职业生涯规划的人而言其影响是不言而喻的,尤其对需要进行职业生涯规划的工科大学生而言,新的职业产生将意味着更多的职业选择。因此,工程技术的发展必然会改变工科大学生的职业选择范围。

第三,工程技术的发展改变了工科大学生对职业的认知。职业的诞生与其所处的时代背景密不可分,在不同的时代不同的工程技术水平和背景下,必将带来职业的变化,尤其是与工程技术的发展水平密切相关的职业,其变化的速度和程度更是明显。这种变化体现为在全新的领域中诞生的新的职业,或是一些旧的职业的内涵与外延被重新定义,被赋予了新的功能。要想顺利地从事这些职业并在职业领域获得发展,就必须对这些职业上的变化有清晰的认识。工科大学生的职业生涯规划是建立在对职业的正确和清晰认知基础上的,现实社会环境中工程技术的飞速发展变化带来的职业上的变化是工科大学生做出科学职业生涯规划的重要依据,这些职业上的变化在一定程度上影响着工科大学生对某工程技术类职业的判读,从而进一步影响工科大学生的职业选择和规划。因此,工程技术的发展变化影响着工科大学生对工程技术类职业的认知。

第四,工程技术的发展改变了对工科大学生的职业认证要求。工科大学生与其他类大学生重要的区别就在于,由于其所学专业的适用范围、技能要求都有比较聚焦的针对性,从而在对学生的培养训练过程中形成对焦较强的职业观念和职业兴趣。因此针对工科大学生培养方式的特殊性,对工科大学生的培养质量认证成为国际工程教育界的热门评价方式,这种评价内容和方式也成为工程师界职业能力评价的参考。而工程技术的发展对于工科大学生培养质量认证有着重大影响。

(2)工科大学生的工程师职业定位。工程师指具备相关专业知识和技能,从事工程技术领域的系统操作、设计、管理、评估的专业人员。工程师称谓,通常用于在工程学其中一个范畴持有专业性学位或相等工作经验的人士①。在日常的一般交流中,我们习惯将工程师、科学家以及技术人员三种不同的职业称谓交替使用,然而这三种不同领域的工作有着不同的职业特征。

从三种人才培养的过程来看,在高等工科院校的人才培养中,将人才分成为三类:"工程人才""科学人才"以及"技术人才"。而在现实生活中这三类人才却常常相互换用。"工程人才""科学人才"以及"技术人才"三类人才固然有许多共同特征,但是,在思维方式、认知结构及能力要求等方面却存在显著差异。"科学人才"的能力主要体现在探索发现方面;"技术人才"能力主要体现在发明和技术应用方面;②"工程人才"能力主要体现在掌握多学科知识背景,能综合运用新的生产工具和新的方式,协调解决社会经济发展过程中的复杂工程问题。从人才培养的概念来看,这三类人才显然在不同的领域有着不同的培养侧重点,在走向社会进入职场后,三类人才所发挥的作用和工作的重点也各不相同,反映在职业特征上,则为不同的职业特点和职业责任。

作为科学家,他们的主要任务是努力探索大自然,以便发现一般性法则,职业特点是发现、研究事物,职业责任是探索世界以发现普遍的法则;作

---

① 王宝玺.关于实施"卓越工程师教育培养计划"的思考[J].高校教育管理,2011(12):15-19.
② 王丽霞,于建军.困境与走向:对我国工程教育现存问题的反思[J].现代教育科学,2011(11):114-115、146.

为工程师,他们的主要任务是遵照此既定原则,从而在数学和科学上,解决了一些技术问题,职业责任是建立事物,并以使用普遍法则以设计实际物品。技术人员并非一个职业称谓,但是在欧美国家有技术专家的称谓(此名称一般在欧洲大陆一些有工程师名称使用的国家中被使用),主要是从事某一具体领域的技术工作的人,技术专家一词有时与工程师同义。对于从事技术工作的人而言,其职业的主要任务是解决一个具体的技术性问题,职业责任是将技术应用于解决具体的技术问题。因此,从看似具有类似职业特征的三类职业实际上有着截然不同的职业特征,这种职业特征的差异性实际体现了三类职业产生背景的差异,在发展过程中关注的重点的差异性,以及不同的职业基础的发展状态对其职业的要求的差异性。

对于工程师而言,随着技术手段的更新和科学水平的提高,现代工程具有了复杂性和系统性的特点,这些特点使现代工程项目的选择和实施,不再是单纯的技术问题,往往要受到社会、经济、技术设施、法律、公众等多种因素的制约。解决现代工程技术问题,需要系统综合运用多种专业知识。一个成功的工程项目不仅要解决工程技术上的问题,还要满足经济方面的要求,需要在尽可能做到的范围内实现工程方案的成本最低,取得满意的社会效益和经济效益的综合平衡。

因此,工程师的职业需要具备满足现代工程特点的知识及能力特征。工程师的职业特征需与现代工程的特征相呼应,这就要求工程师需要充分理解社会现实需要,不能满足于专门知识和具体经验的纵向积累,必须广泛汲取各类知识,建成有机的知识网络,以便适应现代工程这一综合性系统的要求。

工程师应该是一个复合型人才。从工程师职业工作内容看,工作领域广,其专业内容已得到快速拓展到社会发展的各行各业;在区域尺度上,研究个体与整体之间的关系,以及由此引发的社会和谐发展的社会性问题;从本行业设计研究到大型工程修复与设计。工作理论研究与工程实践范围,都是集艺术、工程技术、环保于一体的应用型专业,其核心是人类社会的建设。工程师的职业目标就是要运用自己的研究成果,选择并创造一种有利于社会发展和人类生存的环境。因此,系统性与综合性是工程师职业能力关键所在。

现代工程教育的目标是培养满足社会需要的工程师，因此，工科大学生的职业目标定位是非常清楚的，即掌握现代工程技术与方法，满足社会某项工程需要的工程师。工程技术是工科大学生职业选择和职业发展的内在需要，也是工科大学生职业生涯规划离不开的基调。同时，作为工科大学生，为实现自己的职业理想也需要审视职业规划的可行性，这种可行性更多地体现为工科大学生能否实现所学专业与社会职业岗位的匹配。对于工科大学生而言，在制定其职业生涯规划时会尽量考虑自己所学的专业与目前工程技术界所需要的岗位是否匹配，此时工程技术界所需要的岗位成为能顺利进行职业生涯规划的重要条件，而现代工程技术的发展状况正是影响工程技术界所需职业岗位的重要潜在因素，因为现代工程技术的发展影响工程技术类职业的产生、消亡，职业的知识能力结构需求和职业职能范围的变化。因此，现代工程技术的发展会影响其职业生涯规划。

（3）工科大学生工程师职业岗位要求。工程师是系统性专业性非常强的职业，就工程师职业本身，不同领域的工程师在知识结构、工作能力以及对工程技术方法掌握的程度都有不同的要求，同时由于有时工程师并未局限于解决单一的技术性问题，工程师面临的是需要运用其他学科知识和手段才能处理好的困境，这对于工程师来说就是一个多方面的考验，因此现代工程的需要对工程师的职业要求也是非常高的。

工程师的职业能力要求反映了工程师的职业特征，也是现代工程活动对工程师从事工程活动的基本能力要求。尽管由于工程师种类的多样性以及工程师的职业范围的差异性，从事不同工程工作的工程师其职业要求各不相同，但是作为工程活动的本质而言，系统性、综合性以及复合性是其基本特征，这种特征对于工程师的一般职业要求还是趋于一致的，即要求工程师具有满足系统性、综合性以及复合性的工程知识和能力。而工程知识和能力的形成来源于两个方面，一是在成为工程师之前，通过工程教育所培育养成的，二是走上工作岗位后在实际工作的锻炼而形成的。因此，进入工程师职业后，工程师职业要求和职业能力的养成来源于社会、工程活动本身对其的要求、规范，而在未进入职场前，工程师职业要求和能力是来源于其工程教育的要求和规范。

对于工科大学生而言,其未来的职业道路是成为专业的工程师,在未成为工程师之前,对其职业能力的培养和要求主要来自工程教育本身。这与工程教育的人才培养目标相吻合,工程教育的人才培养目标是将学生培养成满足社会工程活动需要,适应现代工程发展需要的工程师,在这一目标中就隐藏着工程师的职业要求。为了培养满足工程师的职业要求的工程师,从人才培养的源头上就要开始塑造。因此,在工程教育界和工程实践界达成了工程师培养的共识,即进行工程师培养的工程认证,从而使对工程师的职业要求从教育界到工程实践界实现了对接。

(4)工科大学生工程师职业能力培养。从人才培养的目标上来看,从现代工程的要求来看,现代工程活动的复杂性和综合性要求工程人才必须具备系统化、综合化的职业知识与技能,"工程人才"具有明显的特征,这种的特征体现为:思维的系统性、实践能力的综合性、知识背景的复合性。无独有偶,在华盛顿计划和欧洲工程师联盟计划中,也无一例外都对工程师所需要具备的基本职业素质提出了要求。因此,工科大学生的职业生涯规划对于个人职业理想和工程师职业素质的匹配要求更高,需要具备相应的知识和能力才能实现其职业理想。

在华盛顿计划中,提出了合格工程师应具备的职业素质,其要求是较高的。如表 3-1 所示。

表 3-1　华盛顿协议中对工程毕业生的素质要求

序号	职业素质	说明
1	工程知识	将数学、科学、基础性和专门性工程知识应用于解决复杂工程问题
2	问题分析	发现、明确表述（或称公式化）、研究文献、并分析复杂的工程问题,运用数学、自然科学和工程科学的基本原理得出实证性的结论
3	设计/开发解决方案	为复杂工程问题设计解决方案与其相应的满足具体要求的系统、组成部分或程序,这些具体要求要考虑到公共健康与安全、文化、社会、环境等因素
4	调研	运用研究性知识及研究方法来对复杂问题展开调研,包括实验的设计、数据的分析和解读、信息的综合,从而得出有效的结论
5	现代工具的运用	创造、选择适当的技术、资源和现代化工程及信息技术工具（包括预测和建模工具）,并将其应用于复杂工程活动中,同时对其局限性有充分了解
6	工程师与社会	运用自身背景知识所赋予的理性思考（或称推理能力）来对社会、健康、安全、法律和文化等问题作出评价,以及由此导致的在专业工程实践工作中所负的责任
7	环境与可持续发展	充分理解专业性工程解决方案和社会环境背景下所产生的影响,并展现出对可持续发展的了解和需求
8	道德操守	发扬道德操守准则,恪守职业道德,履行责任,严格执行工程实践标准（规范）
9	工人与团队工作	在不同的团队以及多学科交叉的背景下,有效发挥个人作用,同时也有效发挥团队成员或领导者的作用
10	沟通交流	在复杂工程活动中能够与工程界乃至整个社会进行有效的沟通交流,例如,能够领会并撰写出效果良好的报告和设计文本,做出效果良好的陈述发言,以及给出和接受明确清晰的指令
11	项目管理与财务	展现出对工程及管理学原理的认识和理解,并将其应用于自身工作中,即使作为团队成员和领导者,能够在多学科交叉的环境下进行项目管理
12	终身学习	认识到在技术更迭日新月异的大背景下进行宽领域自主学习和终身学习的必要性,并具备相应的积累和能力

资料来源:《华盛顿协议》与国际工程教育质量标准[EB/OL].http://www.docin.com/p-1243490230.html,2015-08-02.

工程师人才的质量是判断工程教育好坏的重要标尺,我国作为工程人才培养的大国,工程人才的培养质量已成为学界和政府关注的重点。2010年6月23日,教育部启动了旨在培养造就一大批创新能力强、适应经济社会发展需要的高质量各类型工程技术人才,为国家走新型工业化发展道路、建设创新型国家和人才强国战略服务的"卓越工程师计划"。该计划明确我国工程教育改革发展的战略重点,在工程人才培养的模式和方向上更指出了要加强工程人才的综合素质和社会责任感的培养。2013年教育部与中国工程院联合印发了《卓越工程师教育培养计划通用标准》,将工程技术人才培养分为本科、硕士和博士三个层次,本科工程型人才培养有 11 条通用标准,即:具有良好的工程职业道德、追求卓越的态度、爱国敬业和艰苦奋斗精神、较强的社会责任感和较好的人文素养;具有从事工程工作所需的相关数学、自然科学知识以及一定的经济管理等人文社会科学知识;具有良好的质量、安全、效益、环境、职业健康和服务意识;掌握扎实的工程基础知识和本专业的基本理论知识,了解生产工艺、设备与制造系统,了解本专业的发展现状和趋势;具有分析、提出方案并解决工程实际问题的能力,能够参与生产及运作系统的设计,并具有运行和维护能力;具有较强的创新意识和进行产品开发和设计、技术改造与创新的初步能力;具有信息获取和职业发展学习能力;了解本专业领域技术标准,相关行业的政策、法律和法规;具有较好的组织管理能力、较强的交流沟通、环境适应和团队合作的能力;应对危机与突发事件的初步能力;具有一定的国际视野和跨文化环境下的交流、竞争与合作的初步能力。

以工程师职业能力培养质量为检验标准的工程教育专业认证目前是工程教育界以及工程实践领域非常流行的认证方式,是世界范围内对工程师职业要求的集中体现,也是衡量工程教育职业化目标培养质量的重要标准。

工程教育专业认证是指专业认证机构针对工程类专业教育实施的专门性认证,工程教育专业认证的目标是为工程技术专业人才培养提供质量保证。工程教育专业认证是国际通行的工程教育质量保障制度。工程教育专业认证是要考核工科专业人才培养是否达到行业认可的质量标准。

(5)工科大学生的工程师职业规划。工程师为职业导向的职业生涯规划是一项具有很强适时性的活动,它是职业理想与社会需求的结合,职业生涯规划的实现程度不仅与规划的可行性相关,更与职业生涯规划的背景、职业所存在的社会大环境有关。

职业存在与职业发展的社会大环境是所有职业赖以生存的基础,随着社会经济的发展,科学技术的不断更新,不断涌现新职业,或曾经存在的职业被赋予了新的功能和定义,这些变化都会导致人们的职业生涯规划发生变化。因此,在进行职业生涯规划时,其中重要步骤便是进行职业定位,通过对该职业存在的行业基础、职业的发展态势、职业的内涵和职责范围进行适时判断，根据职业目前的发展阶段和变化情况适时进行调整，从而使职业生涯规划具备合理性，增大职业生涯规划实现的可能性。工科大学生在进行职业生涯规划时，也面临同样的问题，也需要对未来职业所处的社会大环境进行科学系统地分析，以确保职业生涯规划的科学合理。

3.1.3　工科大学生社会网络

本研究运用社会网络理论和分析方法研究工科大学生职业生涯规划，阐明社会网络支持与工科大学生职业生涯规划的内在逻辑关系。因此，需要从理论上阐明工科大学生社会网络的特征。

1）社会网络的内涵

社会网络（social network）是一种基于"网络"（节点之间的相互连接）而非"群体"（明确的边界和秩序）的社会组织形式，也是西方社会学从 20 世纪 60 年代兴起的一种分析视角。随着工业化、城市化的进行和新的通信技术的兴起，社会呈现越来越网络化的趋势，"社会网络革命"（social network revolution）与移动革命（mobile revolution）、互联网革命（internet revolution）并列为新时期影响人类社会的三大革命。"社会网络"这一概念的兴起，源于其对社会互动的恰当描述。如果将咖啡馆里的人、一起工作的同事或者在互联网上互动的人认为是一个有边界社会群体，就会错误地认为他们是相互认识的，而对共同群体有归属感。然而事实上人们是在不断地进入和退出一个社会网络，而这种社会网络中又具有复杂的结构，含有丛、裂痕和分离的联结。而其中一些重要联结往往是越过网络边界的。

社会网络可以理解为由诸多节点构成的社会结构，节点是指个人或组织，社会网络体现社会关系，通过各种社会关系，社会个体和组织联系起来。一般而言，社会关系包括亲属关系、同学关系、朋友关系、经营关系、种族信仰关系等。

本研究将社会网络定义为：社会网络是指社会个体或组织之间所形成的社会关系，是指特定个体或组织之间形成的各类社会关系，这种关系是一种由于互动而形成的相对稳定的关系体系，包括依据血缘建立的社会关系（亲缘）；依据物质环境和文化共享而结成的社会关系（同学、同事或朋友关

系）。在社会网络中,个体或组织之间发生资源交换关系,个体或组织可从
社会网络获得所需的资源。

2） 社会网络的分类

社会网络分类可以基于不同视角进行划分。从网络成员在网络中获取
的资源的差异进行划分,社会网络可分情感型社会网络和工具型社会网络。
情感型社会网络主要指个体能够通过社会网络获得其他社会成员的情感关
怀、行为认同、人格尊重的社会网络;工具型网络指个体能够通过社会网络
获得信息支持和物质支持的社会网络,情感型社会网络和工具型社会网络
往往交织在一起。从社会网络的初始形成的条件进行划分,社会网络可分
为先赋网络和后赋网络。先赋网络一般指个体天生的自然形成的网络,在
该网络中个体之间是由血缘或亲缘关系为纽带;后赋网络则是个体在社会
交往中所形成的关系网络,主要以同学关系、师生关系、同事关系等为纽带。
从社会网络的关系结构看,依据社会关系亲疏程度,可将社会网络类型分为
亲缘、学缘、业缘三种。其中,亲缘网络是指由血统关系或婚姻建立的亲属
及关系较为密切亲友组成的社会网络;学缘网络是指在学校学习期间建立
起来的社会网络;业缘网络则是指在社会和经济活动中所建立的社会网络。

3） 大学生社会网络

就大学生而言,大学生所涉及的网络既有先赋型网络又有后赋型网络。
大学生社会关系比较单一,具有特有的社会网络结构。大学生的社会网络
包括家庭赋予的先赋型网络,以及后天日常生活、学习中形成的后赋型网
络。由于大学生还处于求学阶段,日常生活的交际范围主要局限在家庭与
学校中,因此大学生的先赋型网络主要是基于血缘关系形成的亲缘网络,其
后赋型网络主要是基于学校学习形成的学缘网络和基于社会实践形成的业
缘网络。

大学生社会网络的特征主要体现在三个方面:第一,大学生的社会网络
规模相对较小。大学生的社会关系相对比较简单,大学生的社会网络中的
成员主要是自己熟悉的亲人、同学、老师、朋友或社会实习中认识的同事,社
会关系的形成和互动都依赖于自己血缘关系和学缘关系,虽然大学生有业
缘网络,但是相比血缘网络和学缘网络,业缘网络规模更小,因此,社会网络

的关系强度相对较高。第二,大学生的社会网络是基于血缘、学缘和业缘关系建立起来的,因此大学生社会网络成员之间交往频繁,网络成员之间社会信任较高,因此大学生的社会网络密度相对较高。第三,大学生社会网络的功能具有相似性。社会网络的功能主要是为网络行动者提供来自社会网络的社会支持。大学生从血缘网络、学缘网络和业缘网络中获得的主要是信息支持、物质支持以及情感支持,尽管在不同的网络中这三类支持的侧重点或比例程度存在差异,但是大学生从社会网络中获得的主要是上述三类支持,从这一角度看,大学生社会网络的功能具有较高的相似性。

4) 工科大学生社会网络

工科大学生的社会网络与其他大学生的社会网络既有共同点,也有不同点。工科大学生除了具有一般大学生社会网络的特征,还具有自己的特殊性。第一,工科大学生由于工程技术专业的复杂性和职业岗位的狭窄性,使得其社会网络结构特征都具有与一般大学生不同的特点,工科大学生的社会网络对其职业选择的影响强度更大;第二,从亲缘网络、学缘网络和业缘网络的结构看,工科大学生因所学工程技术专业的特殊性,亲缘网络、学缘网络和业缘网络也带有鲜明特征,一般而言,工程技术类职业岗位的职业选择和职业目标定位需要获得更多的社会网络支持,这对亲缘网络的情感支持、学缘网络和业缘网络的信息物资支持要求更高;第三,工程技术类专业和职业岗位特殊性,也使得工科大学生对于他所处的社会网络依赖性更高,工科大学生在职业生涯规划过程中需要获得更多的社会网络支持。

3.2   理论分析框架

3.2.1   社会本位与个人本位

工科大学生在进行职业选择和职业目标定位时,需要对自己的职业理想、专业背景与社会岗位的需要进行匹配,但在这一匹配过程中,却常常面临职业理想与社会职业需要之间的矛盾。如何解决这一矛盾,不仅考量的是工科大学生在理想与现实之间的妥协程度,也从一定程度上体现了高等教育目的观的选择。

在高等教育发展史上,关于教育目的的社会本位与个人本位的争论一直存在。社会本位观主张教育目的应以社会发展为出发点,并以此构建教育活动。社会本位论强调教育目的应以社会价值为中心。社会本位论以社会的理想目标为教育目标,因此,教育首要目的在于使个体社会化,注意使受教育者掌握社会的知识和规范成为对社会有用的公民,为社会服务。个人本位论则主张教育目的应以个体完善和发展为出发点,强调个人的价值高于社会价值。因此,教育目的应依据人个体的需要来确立,教育首要目的不是追求社会发展,而在于完善人的理性和个性。

个人本位论和社会本位论反映了高等教育理念的选择。个人本位论和社会本位论本质上是反映了高等教育界关于人的发展与社会发展问题的不同价值取向。两种观点都有合理的一面,但也存在片面过激的一面,根本原因在于缺乏辩证的理解个人和社会,以及个人发展与社会发展的内在关系。工科大学生的职业生涯规划行为从某种程度上来说,其实质是工科大学生的职业价值观的影射。而工科大学生的职业价值观的重要来源之一,是来自其所接受的高等工程教育。工科大学生作为高等工程教育的对象,其职业生涯规划行为无不反映着高等工程教育人才培养观对其行为的影响,工科大学生的职业生涯规划行为也折射出高等工程教育理念的抉择。辩证地看待高等教育人才培养的个人本位论和社会本位论,将有利于工科大学生在进行职业生涯规划时科学、理性地做出判断和选择。

本研究通过对高等工程教育人才培养目的的讨论,分析特定的教育理念对工科大学生职业生涯规划行为的影响,从而确立针对工科大学生职业生涯规划教育的科学的教育观念。

3.2.2　社会网络分析理论

社会网络分析是社会科学领域比较成熟的分析方法。在人的所有活动中,社会网络都是一个现实存在。将社会网络分析引入职业生涯规划研究领域成了自然而然的事情。按照社会网络分析理论想,行动者的任何行动都不是孤立的,而是相互关联的。他们之间所形成的关系纽带是信息和资源传递的渠道,网络关系结构也决定着他们的行动机会及其结果。

在本研究中,社会网络分析在大学生职业生涯规划的应用研究就是以大学生进行职业生涯规划时的内、外部社会条件因素为导向，以网络中社会资源的获得过程为轴线，来探讨个体网络中关系的强度、网络规模以及网络密度对网络中的社会支持的联系机制，从而对职业选择、职业目标定位及职业通道设计等产生的影响及功效。在社会网络分析框架下将对如下内容进行分析。

社会网络的特征主要包括网络规模、网络密度、网络的异质性和关系强度。运用数理统计的方法，对工科大学生的社会网络规模进行计算，分析其规模的大小，确定其网络的边界。社会网络的网络密度在一定程度上表征着这个网络中关系的数量与复杂程度。同样运用统计的方法，计算该社会网络的网络密度，通常在一个网络中，当每个个体都与网络中其他所有个体发生联系，则该网络的密度为1，相反地，当每个个体都与网络中其他所有个体没有发生联系，则该网络的密度为0。网络的异质性反映着社会网络成员个人特征的分布情况，即社会网络成员在性别、年龄、专业知识、价值观和人格等方面的特征。分析工科大学生网络的异质性，探讨网络异质性对工科大学生的网络支持的影响及程度。关系强度是网络成员关系密切程度的体现，分析工科大学生与网络成员间关系的强弱，进一步探讨关系强度对于工科大学生网络支持的大小，对职业生涯规划行为动机产生的影响。

本研究依据工科大学生社会网络特征，同时借鉴学界对网络分类的一般标准，将工科大学生社会网络分为亲缘网络、学缘网络、业缘网络。工科大学生的亲缘网络，是指依据血缘关系建立起来的社会网络，这是大学生的先赋社会网络；工科大学生的学缘网络是指依据在学校学习过程中，所建构起来的社会网络，主要是指在同学、老师之间建立的社会网络；工科大学生的业缘网络是指在社会实践生活中，在朋友之间建立起来的社会网络。由于大学生尚未踏上社会职业岗位，所以工科大学生的业缘网络主要指在社会交往中构建起来，对其职业选择和职业定位有帮助的社会网络。工科大学生的亲缘网络、学缘网络、业缘网络，因个体的社会环境不同而不同，本研究将揭示工科大学生的社会网络的一般特征，分析特定的亲缘网络、学缘网络、业缘网络结构特征对工科大学生职业生涯规划的影响及作用机理。

3.3　调查设计

3.3.1　调查方案设计

实证调查是本研究的主要方法之一。本书研究以工科大学生为对象，因此，以上海市工科大学作为调查样本选择范围。为确保样本的典型性和代表性，本研究采用多层次随机抽样方法和整群抽样相结合的抽样方法。依据上海市工科大学的不同层次、不同类型的比例，确定所调查的工科大学名单。调查调研问卷基本覆盖了不同层次高校，即国家重点建设的工科大学、上海市属重点建设工科大学和一般普通工科大学，同时也包含了不同类型的工科大学，即应用研究型工科大学、应用技术性工科大学，样本选择具有很好的典型性和代表性。

从调查问卷发放情况看，五所高校的问卷发放数量为 1650 份，回收有效问卷 1620 份，回收率 98%。

3.3.2　调查样本选择及问卷设计

1）调查对象

本书研究的问卷调查对象选择为上海市理工类高校的工科大学生。从纵向上看，按照工科大学生所处的学业和事业发展阶段来划分，调研对象分为五类：第一类是刚刚进入大学的一年级工科大学生；第二类是已经适应了大学生活的二年级工科大学生；第三类是开始有目的了解职业信息，并萌发职业生涯规划意识的三年级工科大学生；第四类是掌握了一定的职业信息，并开始进行职业选择和职业规划的大四工科大学生，第五类是已经走上职业岗位并积累一些职业生涯规划经验的毕业 1～2 年的工科大学生。从横向上看，按照教育部关于工科专业的分类，并考虑到工科专业的普及性，选取了 9 个主要工科专业和方向的工科大学生作为调研对象，这 9 个专业和方向为：机械类、电子信息类、材料类、化工及制药类、交通运输、建筑及土木工程、环境工程、轻工纺织食品类及其他工科专业。上述 9 个专业和方向上均匀分布，具有很好的典型性和代表性。

2）调查问卷设计

本书研究调查问卷的设计，根据数理统计分析理论模型建构需要，设计相应的调查方案,在参考了各变量的测量需要后进行调查问卷设计,调查问卷共有 66 道题目,调查问题的类型包括是非题、排序题以及李克特五点量表式题目。这些问题分为两部分:第一部分是该问卷调查目的的说明,由于调研对象的数量较大,加之调研的对象为大学一至四年级以及毕业两年以内的工科大学生,对于社会调查相对陌生,因此在问卷开头对于调研的目的,以及相关数据使用的承诺进行说明,便于与被调查者进行沟通,使之能理解调查的目的,同时确保调研数据的真实有效。

第二部分是问卷的正文部分,在这一部分所需要的调查包括五个方面。第一类是基本情况调查。主要用于收集填写者的基本资料和基本的职业生涯规划情况,包括被调查者的性别、所学专业、所处的学业、事业发展阶段、父母受教育的程度、家庭基本状况、基本的社会网络以及职业生涯规划的现状等;第二类问题工科大学生职业生涯规划的影响因素;第三类问题是工科大学生的社会网络结构特征;第四类问题是工科大学生的社会网络支持;第五类问题是工科大学生的职业生涯规划行为。

3.4　本章小结

本章基于阐明社会网络支持与工科大学生职业生涯规划行为之间的逻辑关系以及作用机理的研究目的,首先对职业、职业生涯规划、大学生职业生涯规划、工科大学生职业生涯的内涵及特征进行了系统梳理和界定,同时,界定了社会网络概念、分析了工科大学生社会网络类型和特征,阐明了高等教育人才培养的个人本位和社会本位理论应用、社会网络理论和分析方法及应用,并且根据数理统计分析理论模型建构需要,设计了社会调查及实施方案。

第4章 社会网络与工科大学生职业生涯规划的内在逻辑

4.1 社会网络分析框架

4.1.1 社会网络

社会网络是 20 世纪 60 年代西方兴起的新的社会分析视角。关于社会网络,目前学界尚无一个统一的诠释,概括而言,主要有以下几种观点:

(1) 社会网络是在特定社会背景下,行动者之间相互关联所形成的社会网络关系。社会网络是通过个体成员之间的社会关系体现出来,这种社会关系和社会互动对个体成员的社会行为产生重要影响。

(2) 社会网络是指各种社会关联。所以,社会网络表现为社会关系所构成的结构,社会网络反映了社会行动者之间的社会结构关系。

(3) 社会网络有五个基本构成要素:第一,行动者(actor),行动者可以指特定的个体,也可以指社会群体。行动者在社会网络中的特定位置被称为"结点"(node)。第二,关系纽带(relational tie),关系纽带是指行动者之间互动所构成的相互关联。社会关系是复杂多样的,不同社会关系构成了特定的网络关系纽带。第三,二人组(dyad),二人组是指两个行动者之间所形成的关系,两个个体之间形成的关系是社会网络最基本的存在形式,也是社会网络分析的基础。第四,三人组(triad),三人组是指三个行动者之间互动所构成的社会网络。第五,子群(subgroup),子群是指行动者之间的社会网络的子集。群体(group),群体是指社会网络分析所测量的网络关系中行动者的集合。

4.1.2　社会网络分析

社会网络分析是基于社会网络和社会网络结构及特征分析的研究方法。学界也将社会网络分析称之为结构分析法(structural analysis)。社会网络分析不同行动者之间的社会关系结构及属性。据此可知,社会网络分析既是一种社会分析工具,又是一种重要的理论分析方法。社会网络分析家 B.韦尔曼(Barry Wellman)指出:社会网络分析所要揭示的是深层的社会关系结构,即存在于复杂社会现象背后的网络关系结构。也就是说社会网络分析要揭示特定社会网络影响社会主体行为的内在机理。

社会网络分析理论有着以下六个方面的原理:① 关系纽带的相互作用往往是不对称的,每一种特定关系纽带的内容和强度都存在较大差异。② 网络结构背景是分析具体关系纽带的重要依据。③ 特定关系纽带所构成的社会网络,形成了特定的网络群、网络界限和复杂的交叉关联。④ 社会网络的交叉关联属性,体现为网络群及行动者之间的联系。⑤ 社会网络纽带不对称性和结构的复杂性,影响社会稀缺资源的公平配置。⑥ 社会网络中行动者合作和竞争的主要目标是获取稀缺资源。①

社会网络分析的方法论意义在于:社会科学的研究对象主要是社会结构,社会网络分析通过研究社会网络研究社会结构。英国学者 J•斯科特指出:社会网络分析为社会结构研究的新理论奠定了基础②。关于社会现象研究的方法论,学界始终存在着整体主义与个体主义的分歧。整体主义聚集社会结构,认为社会结构决定了个体行动。然而,整体主义在对社会结构概念的阐释也存在较大的分歧。因此,社会科学研究社会结构,往往在不同层次上使用社会结构概念,有学者从微观层面上研究社会结构关系,也有学者从宏观层面上研究社会结构关系。个体主义强调个体行动的意义,认为社会科学研究对象就是个体行动。

具体而言,社会科学研究往往在不同的层次上使用社会结构概念。

第一,在社会角色层次上使用社会结构概念,即微观层次上使用社会结

---

① Barry Wellman. Network analysis: some basic principles[J].Sociological Theory, 1983, Vol. 1: 155 - 200

② 约翰•斯科特.社会网络分析法[M]. 刘军,译.重庆:重庆大学出版社,2007:53.

构概念,社会角色关系是最基本的社会关系。社会角色通常表现为角色丛,它体现了个体特殊的社会地位和身份。

第二,在组织或群体层次上运用社会结构概念,即在中观层次运用社会结构概念,该层次的社会结构是指社会要素之间的关系,中观社会结构关系所体现的是社会个体间的职业地位和资源控制方面的社会关系。

第三,在社会制度层次上运用社会结构概念,即宏观层次上使用社会结构概念,宏观社会结构是把社会看作为整体,宏观层次上的社会结构分析是要揭示整体利益关系,例如社会的制度结构,特定利益集团关系等。

B.韦尔曼概括了社会网络分析五个方面的特征:① 社会网络分析依据社会结构对行动者的制约阐释行动者的行为,而不是通过行动者内在因素如目标动机等,解释行动者的行为。② 社会网络分析注重探究行动者之间的网络关系。③ 社会网络分析探讨的主要问题是,由多重因素构成的行动者之间多维的复杂网络关系,影响行动者的行为的内在机理。④ 社会网络分析把网络结构理解为多重网络,社会网络与某个特定的网络群体存在隶属关系。⑤ 社会网络分析方法涉及特定社会结构关系性质,它把社会结构关系看作一个独立的分析单位①。

综上所述,社会网络分析方法运用,是基于行动者的行为之间存在相互关联,行动者之间的关系纽带,是社会资源传递的渠道,网络关系决定行动者行动机,进而影响行动者行为结果。

4.1.3　社会网络分析法

近年来,社会网络分析方法被广泛运用于人口流动、职业流动等领域。社会网络分析法的具体方法包括:中心性分析、凝聚子群分析、核心—边缘结构分析、网络结构对等性分析等。

(1)"中心性分析"是社会网络分析的重点方法之一。行动者在特定的社会网络中有怎样的权力或居于怎样的中心地位,是社会网络分析最初研究内容之一。个体的中心度(centrality)测量个体处于网络中心的程度,反映了行动者/节点在社会网络中的重要程度。一个特定的网络中有多少个

---

① Wellman B, Berkowitz S D. Social structures: a network approch [M]. Cambridge: Cambridge University Press, 1988:54-488.

行动者/节点,就有多少个个体的中心度。社会网络分析还测量整个网络的集中趋势(centralization)。社会网络中心势反映的是整个网络中各节点的差异性程度。

(2)凝聚子群分析。凝聚子群分析是社会网络分析的又一重点内容。在特定的社会网络中,某些行动者之间的关系特别紧密,结合为一个次级群体,这样的群体被称为凝聚子群。研究社会网络中存在多少个这样的子群,子群内部成员关系和子群之间关系特征,一个子群成员与另一个子群成员之间的关系特点等,属于凝聚子群分析。

(3)核心—边缘结构分析。核心—边缘结构分析是社会网络分析的又一重点内容。核心—边缘结构分析是要阐明社会网络中哪些节点处于核心地位,哪些节点处于边缘地位。

目前,社会网络分析被广泛运用于社会科学领域。社会网络是客观的现实存在。因此,运用社会网络分析方法,研究大学生职业生涯规划就显得十分必要了。

社会网络分析运用于大学生职业生涯规划研究领域,就是基于大学生所处的社会环境,以职业生涯规划中大学生运用社会资源为核心,探讨大学生社会网络规模、社会网络中行动者之间关系强度、社会网络密度、社会网络异质性等产生的影响及功效。

4.2   工科大学生职业生涯规划的影响因素

职业生涯规划既是关乎未来职业发展的计划方案,更是实现职业发展的行动步骤。根据中国职业规划师协会的定义,职业生涯规划是指针对个人根据职业选择的主观和客观因素进行分析和测定,确定个人的奋斗目标并努力实现这一目标的过程[①]。

因此,工科大学生职业生涯规划是一个动态的变化的过程,它与个体所处的家庭、组织以及社会环境有着密切的关系,处于不同环境的个体其职业期望、职业价值观、对职业岗位的认知程度以及其所能获得的社会资源都不

---

① 徐艾学.大学生职业生涯规划影响因素的调查与研究[J].教育与职业,2016(6):104-107.

相同,因此,处于不同时空条件下,不同人群和个体其职业生涯规划方案以及据此产生的职业规划行为存在着较大的差异性。例如,尚未走上工作岗位,缺乏工作经验积累,对社会职业岗位尚无明确认识的大学生群体而言,他们的职业生涯规划过程与一般职场人的职业生涯规划相比较,具有明显的差异性,体现了大学生群体的独特特征。而且,工科大学生因工程师职业的专业性和复杂性特征,他们所处的社会网络环境对工科大学生的职业认知和资源获得影响更大,呈现出更强的差异性和独特性。

工科大学生的职业生涯规划与社会人的职业生涯规划类似的是,工科大学生也是在于职业生涯规划的主客观因素的影响下,确定个人的职业定位并据此制定相应的行动步骤并努力实现这一目标的过程。因此,工科大学生职业生涯规划不是停留在纸上的一个方案,它是一个可以具体化的行动选择,这也就意味着这一行动的选择过程会受到来自工科大学生自身以及其所处外在客观因素的影响。同时由于采取行动时刻和行动方式的动机并非一种个人无意识或自觉产生的,它体现的是多重因素共同作用的结果,这也就意味着行为动机会受到多种因素的影响。

对于处在不同社会网络中并时刻与其联结的工科大学生而言,其职业生涯规划行为受到了多重因素的影响,而这些影响的发挥受到了工科大学生所处的特殊社会网络条件的制约和影响。

4.2.1　工科大学生职业生涯规划特征

工科大学生作为高等学校大学生中一个特殊群体,因所学专业的特殊性,使得该群体具有与其他专业的大学生不同的社会网络特征。

在大学中学习的工科大学生,身处相对封闭的大学校区,其正处在知识的习得阶段,对于社会职业岗位的认识往往来自专业老师的介绍,或通过信息网络查询的结果,对于职业岗位的认识主要基于感性认识,对职业的期待呈理想化。同时,在高校的学习安排中较缺少职业实践环节,大学生在相关职业岗位上实践的机会少,而且即便在假期进入到岗位实习,时间都比较短,因此,多数大学生对于具体的职业岗位缺乏理性科学的认识,缺乏对职业岗位的实际感受,这使得大学生在进行个人职业生涯规划时存在一定的盲目性。

　　工科大学生职业生涯规划属于前职业岗位规划。由于工科大学生在进行职业生涯规划时是处于相对封闭的环境条件下，工科大学生还未能广泛接触社会，对于职业岗位的认知是被动地接受来自学校、老师和周遭环境的灌输和影响。因此，工科大学生的职业生涯规划是一种前职业生涯规划，是尚未经历过职业磨砺，职业聚焦并逐渐理性化的职业生涯规划，这体现了大学生职业生涯规划的特殊性。

　　工科大学生职业生涯规划中的重点矛盾是解决职业理想与专业的冲突。在现行的高考制度下，工科大学生们通过标准化的考试进入了不同的专业学习，这种看似科学的分配方式，却可能给大学生制造职业生涯规划的麻烦，因为在目前大学生进入高校学习之前，他们所接受的教育并没有给予他们职业规划引导，很多学生在选择专业填报志愿时，要么是父母的意愿，要么受社会价值观的影响，并未反映出他们真正的职业兴趣，当他们进入大学学习后，在一段时间的反复思考和试探后，工科大学生可能对某职业产生兴趣并形成自己的职业理想，如果自己所学的专业无法实现未来职业理想，此时他们不得不面对职业理想与专业的冲突。这是因为不同的专业要求不同的专业素质，这种素质包括专业兴趣、知识储备和结构以及不同学习方式，最终养成不同的职业路径。尽管有的大学生可能会通过转专业的形式来解决这一矛盾，但是如此做的时候不得不付出高昂的时间成本和经济成本。因此，工科大学生在进行职业生涯规划时必须考虑职业理想与专业的冲突。

　　工科大学生职业生涯规划主要是瞄准工程师专业技术岗位，对专业的要求高。因为大学生在大学里面是接受的专业化的教育，在知识积累方面主要是专业知识和技能，因此，工科大学生在进行职业生涯规划时，与一般职业人相较而言，他们的规划起点比较高，职业目标通常设定为专业技术岗位，所规划的职业一般也是对专业要求比较高的职业。

　　工科大学生在进行职业生涯规划与他们所接受的高等专业教育的方式密切相关。在大学接受高等专业教育是大学生进入大学学习的目的，高等专业教育大学生知识能力的养成、职业价值观的形成以及选择职业发展的路径都产生着深刻的影响，同时，不同类型的高等专业教育对大学生的知识能力培养的方式不同,产生的职业影响也不同,因此,还处于大学专业教育下的工科大学生在进行职业生涯规划时,首先要考虑所学专业对他的影响,小到知识能力结构大到职业岗位认知,其次大部分大学生都习惯从专业的角度出发来考虑职业选择和职业规划,比较强调未来职业规划的专业对口程度,这也导致他们真正走上社会职业岗位时发现理想岗位与现实岗位的差异从而产生巨大的落差感,不得不重新认识和规划自己的职业生涯。

　　作为正在接受高等教育的大学生而言,他们尚未进入职场,职业兴趣不稳定,职业价值观不成熟,当其在进行职业生涯规划时,其规划的动机、规划的行为以及规划的行动都具有与一般社会职业人所不同的特征。不仅如此,不同专业类型的大学生其职业生涯规划既具有大学生职业生涯规划的一般性规律特征,同时也因由不同的专业背景和教育培养方式所带来的影响而形成的特殊特征。因此,不同专业类型的大学生其职业生涯规划的动机、行为和规划方案也存在着些许差异,在这些大学生中,尤其是工科类大学生的职业生涯规划呈现出与其他类大学生不同的职业生涯规划规律和特征,这与其专业的特征有着很紧密的关联。在探讨工科大学生的职业生涯规划时,需要了解工科大学生的职业生涯规划的特征和特殊性。

　　因此,工科大学生作为一个独立社会个体,激发其进行职业选择和职业生涯规划的行为动机同样受各个方面的因素和内部心理活动的影响。从宏观上来看,工科大学生制定职业生涯规划的行为是工程教育育人目标在个体行为选择上的实现,而从微观上看工科大学生的职业生涯规划行为,则反映出是以工科大学生个体为基点的多种因素共同作用的结果。工科大学生的职业生涯规划既是其职业目标实现的方案,同时也是工科大学生职业目标实现的行动步骤。作为个体未来职业生涯活动的行为选择,必然不是单纯无目的的自发行为,在行动方案的选择过程中必会受到很多内外在因素的影响。他们的职业生涯规划行为,也是客观职业环境和主观因素综合作用的结果。

　　这些多重的因素在工科大学生职业生涯规划过程中对规划的动机乃至规划行为都产生了重要的影响,工科大学生的职业生涯规划是多种影响因素作用的结果。这种影响体现在对工科大学生的职业目标选择、职业实现路径的选择以及为职业规划成功所需的基础性准备以及行动策略上。

4.2.2   影响工科大学生职业规划的个体因素

1) 个体心理因素

个体心理因素对大学生职业生涯规划行为有着显著影响。个体不同的性格气质等心理因素会影响大学生的职业生涯规划,导致职业生涯规划设计产生差异性。例如具有"进取倾向性"的人,往往喜欢表达自己的意见,以语言来感染他人,支配他人,这类人自信、充满活力,且具有冒险性格。许多经营管理者、律师、销售方面从业者就具有这类心理倾向。因此,大学生在进行职业生涯规划时,心理因素对他们行为的影响是不容忽视的。

个体性格特征对工科大学生职业生涯规划的影响。个体性格是指个体在社会生活中形成的相对稳固的现实态度及行为方式。个体性格不是先天的,是在特定社会环境中,受社会、家庭和教育等诸多因素影响而逐渐形成的。个人性格按照气质类型可以分为胆汁质、抑郁质、多血质、黏液质。个体气质是影响职业生涯规划设计的重要因素之一,气质一般是指个体内在的、稳定的心理活动特征,表现为个体心理活动的速度、强度和灵活性等心理特征,气质受遗传和生理影响较大,个体气质往往很难改变。个体的性格有着明显的差异,个体性格对职业工作岗位要求的适应性有较大的影响,个体性格特征匹配职业岗位要求,依据个体性格特征选择职业是职业生涯规划的重要前提。

个体的兴趣爱好对工科大学生职业生涯规划的影响。爱好是人格结构中的动力系统,它是喜欢与不喜欢的一种持久的倾向,虽说不直接影响专业或工作成就但对于职业选择有重要的影响。职业兴趣是指个体对职业岗位工作的积极态度,如果个体对职业岗位工作有兴趣,就会满怀激情地去从事职业工作。相反,个体如果对职业岗位工作不感兴趣,就会对职业岗位工作采取消极态度,也就难以在职位工作中取得事业成功。所以,职业兴趣对大学生职业生涯规划影响很大。大学生进行职业生涯规划设计,职业兴趣是大学生考虑的重要因素。然而,个体兴趣也会受到现实社会环境的影响,在个体的社会环境存在较大差距的情况下,个体兴趣会表现出极大的个体差异性,这说明,一定程度上职业兴趣也是在特定的社会网络中形成的。

2）职业认知因素

职业认知研究兴起于 20 世纪初，到 20 世纪 80 年代在美国心理学家班杜拉的社会认知理论的影响下，社会认知职业理论（social cognitive career theory）简称 SCCT，得到了快速发展。SCCT 提出了职业发展中的三种个人变量之间的相互影响，即自我效能、结果预期及个人目标。自我效能是指个体对将要实施的行为结果的能力信念。结果预期是指个体对将要实施的行为结果的信念。个人目标是个体对将要实施的行为或取得一定结果的意图。

社会认知职业理论提出了职业选择模式，该理论认为职业选择过程分为三个阶段：① 设计职业选择或职业目标；② 实施实现职业目标的行动；③ 获得绩效成就，并形成反馈环路。职业选择是双向选择过程，受到多种社会因素的影响。职业选择并不总是与个体职业兴趣相关，自我效能和结果预期也会影响职业选择。此外，文化、性别、家庭、教育等环境因素和社会支持因素也会影响个体职业选择等①。社会认知职业理论强调个人和环境相互作用。影响个体职业选择既有外部环境的作用，有自我信念等因素，然而，环境因素是首要的。环境因素通过影响个体职业兴趣，进而转化为职业目标，职业目标又转化为个体行为能力和愿望。

大学生职业认知是指大学生对自己的职业个性、职业偏好以及面临的就业信息等方面的认识。大学生职业认知能力越强，就越能准确自我评价，确立合理的就业期望。反之，大学生职业认知能力越低，就越不能准确评价自我，以至于要么自卑、沮丧，对职业理想失去信心；要么过高自我评价，确定的就业期望偏高。有调查表明，大学毕业生缺乏对自我的个性和职业能力的认知，大多数的大学毕业生不知道自己到底适合什么样的职业。在"大学生是否了解自己适合从事什么工作？"的问题上，仅有 38.4% 的大学生的回答是了解的，有 61.6% 的大学生处于不清楚的状态②。

职业认知是研究工科大学生职业生涯规划设计时重要的考量指标。职

---

① 高山川，孙时进.社会认知职业理论：研究进展及应用[J].心理科学，2005，28（5）：1263 - 1265.

② 孙百才，吴克明.大学毕业生职业认知、工作搜寻与高校就业指导[J].山东省青年管理干部学院学报，2005（7）：44 - 45.

业生涯规划对于工科大学生而言是非常慎重的,工科大学生只有客观、清楚地了解了目标职业岗位的基本情况,才能做出科学正确的职业生涯规划决策,并采取相应的职业生涯规划行为。对于工科大学生而言,对职业的认知包括了以下几个方面:

(1)目标职业岗位的设置和发展状况认知。要想职业生涯规划能够成功,首先对目标职业的设置状况有比较清楚的认识,职业岗位的设置状况包括了职业岗位的类别、职业岗位的层级、职位名称、职务内容以及职责范围等,这些都是职业岗位设置的基本情况,工科大学生只有了解了此类信息,才能有的放矢进行合理的职业选择,同时,作为职业生涯规划的重要参考内容之一,目标职业岗位目前及未来的发展状况也是必须了解的重要信息内容,只有了解了目标职业岗位目前的发展状况及未来的前景,工科大学生才能从长远发展的角度进行职业生涯规划的制定与实施。

(2)目标职业岗位的需求情况。能否顺利实现职业生涯规划目标,除了了解目标职业岗位的设置与发展状况外,还必须对该岗位的需求情况有清晰的了解,了解了职业目标岗位的需求之后,工科大学生才能根据职业岗位的需求变化,进行适当地调整,才能做进一步的比较和筛选,并依据需求变化的情况对职业生涯规划进行相应的调整。

(3)目标职业岗位对就职的知识、能力要求。任何职业岗位都有对任职能力和就职知识的要求,这也是职业岗位设置时的重要条件内容。清楚地了解目标职业岗位对于任职知识和能力的要求,才能据此进行职业生涯规划的基础知识和能力的准备,也才能更好地认知自身知识能力与目标岗位知识能力要求之间的差距,从而对自身职业生涯规划的目标更加明确,规划实施方案也才能有的放矢,提高职业生涯规划的准确度和科学性。

(4)目标职业岗位可实现程度的认知。在进行职业生涯规划的时候,必须靠考虑理想职业规划目标的可实现程度,职业生涯规划是一个将自身职业兴趣、知识能力结构、与现实社会中某理想职业目标相匹配的过程,对于在这一匹配的过程中,由于目标职业可实现的程度受到很多外在因素的影响,理想目标未必是能实现的现实目标,因此,这也是工科大学生判断职业规划能否成功实现的过程。对于目标职业可实现的程度的认知程度将在很大程度上决定工科大学生对于是否能实现其目标职业的判断,也最终影响工科大学生职业生涯规划的实现程度。

因此,职业的认知程度是工科大学生职业生涯规划的一个重要前提,职业认知程度决定了对目标职业的判断。从理论上看,职业认知的内涵包括两个部分,一是职业信息的掌握,二是职业价值观的形成,职业信息的掌握并非仅是关于职业岗位的性质描述和职责范围的简单显性信息获取,还包括一些隐性的职业信息如职业获得的途径、职业资源的多少等信息的把控,这些职业信息的传播途径不是单一地来自报纸、网站或者职业信息发布中心,工科大学生对于目标职业的认知不是无中生有,对于职业的认知来源于所在社会网络,实质上他需要了解的目标职业信息来自以他为节点的社会网络内的传播。职业价值观更是影响工科大学生职业生涯规划的一个潜在重要因素,职业价值观的形成更不是由工科大学生自己脑子里凭空形成的,价值观的养成来源于社会对其的影响,而社会影响的作用形式是通过工科大学生的社会网络传递而产生影响的。

4.2.3　影响工科大学生职业规划的社会因素

1) 动机与社会因素

社会因素是指决定事物发展的社会原因、条件或构成事物的要素、成分。社会影响因素则是指对事物的发展或构成产生影响的社会要素或成分。个体的行为往往不是单纯因个体主观因素而激发的,行为往往受到内外多重因素的影响。而多重因素的影响作用主要是通过影响激发行为的动机而发挥作用的。动机是行为主体采取行动的根源,影响因素的不同类型和作用程度的差异性会导致不同的行为动机,行为动机不同诱发不同的行为。

动机是激发个体行动的内在心理驱动力。动机通过激发和鼓励,使个体产生一种内在驱动力。动机是个体与外部环境相互作用的产物,动机由行为目标所引导,激发并维持个体活动。动机有三方面功能:① 激发功能,动机激发个体产生某种行为。② 指向功能,动机使个体的行为指向一定目标。③ 维持和调节功能,动机能调节个体行为强度和方向,保持个体行为的持续性。

从动机的作用原理来看,激发行为的动机来源于外在环境因素的影响。职业生涯规划本身是一项个体对未来职业发展预期的规划行为,是个体对职业选择和发展路径所采取的行动,因此,规划职业的过程可以视作为职业动机激发的职业规划行为。1983 年 London 提出了职业动机的概念,他把职业动机定义为体现个体的职业认同、职业洞察、职业弹性的一系列个体特征、职业决策和行为。他提出的职业动机理论模型包括三个部分:情境条件、个体特征和职业决策及行为。在这个模型中反映了外在客观条件和职业决策及行为之间的关系。从职业动机理论看,职业动机与个体的职业选择和职业规划行为有着重要的联系,职业动机在个体进行职业选择时起着至关重要的作用。同时,该模型也证明外在客观条件对职业动机会产生影响[①]。

2) 家庭影响因素

家庭是工科大学生重要的生活领域,以家庭关系呈现出来的亲缘网络是工科大学生重要的社会交往和支持网络。家庭成员的支持和影响是工科大学生在进行职业规划时的重要影响因素。尤其来自原生家庭形成的对职业的判断、评价等职业价值观,对大学生的职业生涯规划影响深远。

家庭资源对工科大学生职业生涯规划有重要影响。家庭资源是指个体基于血缘纽带所建立的网络关系获得的社会资源。家庭是个体最主要的生活场所,家庭环境状况及家庭成员的期待对个体职业选择的影响较大。家庭的影响首先表现为家庭期望。家庭成员的职业期望对大学生具有重要导向作用。家庭期望值越高,大学生职业规划设计社会倾向性越大;家庭期望值越低,工科大学生职业规划设计个体职业兴趣倾向性越大,当工科大学生把职业兴趣作为职业选择和职业目标定位依据,就可做到职业兴趣和职业选择有效匹配。其次是家庭需要。家庭需要对大学生职业选择会产生较大的影响。例如,家庭经济条件不好的学生,会优先选择收入较高的职业。再次是家庭支持力度。家庭支持力度对大学生职业生涯规划的影响也很大。家庭成员的社会地位、社会关系、经济条件与大学生职业选择行为之间有着

① 何华宇. London 的职业动机理论及对教师专业发展的启示[J].中国高等教育评估,2009(6):77-78.

密切关系。如果家庭支持力度弱,大学生就会选择比较容易获得的职业;相反的,如果得到家庭成员大力支持,大学生就会选择更理想的职业。

　　3)同学朋友影响因素

　　同学朋友是工科大学生重要的社交对象,也是工科大学生的学缘网络和业缘网络中的重要联结对象。同学朋友对于工科大学生的支持和影响是工科大学生在进行职业规划时的重要影响因素。本研究在针对 1 650 位工科大学生的调查中,发现同学朋友的影响对职业选择的影响程度呈现如下状态:朋友的支持程度会否影响工科大学生的职业选择及其影响程度时,对于这一因素,仅有 14.8%的人认为朋友的支持程度的影响很大,32.6%的人认为朋友的支持程度的影响较大,34.3%的人认为朋友的支持程度的影响较小,11.5%的人认为朋友的支持程度的影响微弱,6.6%的人认为朋友的支持程度没有影响。

　　实证调查数据显示,朋友的支持程度对工科大学生的职业选择有影响,但不是主要的影响因素,其发挥的作用也不大。朋友的支持程度是影响工科大学生职业生涯规划的影响因素中的地位是比较靠后的。

　　4)学校教育引导因素

　　作为还未走上社会职业岗位的工科大学生,学校的教育是影响其行为的重要因素,对于工科大学生的职业生涯规划行为,学校的职业教育的引导也发挥着重要的影响。

　　对于学校职业教育引导这一因素会否影响工科大学生的职业选择及其影响程度,本研究的社会调查数据显示,有 13.9%的人认为学校职业教育引导的影响很大,30.6%的人认为学校职业教育引导的影响较大,35.4%的人认为学校职业教育引导的影响较小,13.1%的人认为学校职业教育引导的影响微弱,6.9%的人认为学校职业教育引导没有影响。这说明学校职业教育引导与朋友的支持程度一样对工科大学生的职业选择有影响,但不是主要的影响因素,其发挥的作用也不大。学校职业教育引导是影响工科大学生职业生涯规划的影响因素中的地位是比较靠后的。

　　5)职业社会评价因素

　　职业是人们获取资源、赢得社会声誉的重要因素,职业声望是指人们对各种职业所做的主观评价。虽然职业没有高低贵贱之分,然而现实中不同职业间的分化逐渐明显,形成了个体对职业声望差异,存在着"好职业"和"坏职业"的评价。职业声望与现实社会分层呈现正相关关系,职业声望的差异一定程度上反映了社会分层的状况,社会分层实质上就是职业声望的等级分化。职业声望反映了对特定职业的社会评价的高低,社会成员对每一类职业形成各自的看法,影响个体对不同职业的尊敬和向往程度。大学生由于受过高等教育,受到社会尊重,社会地位相对较高,因此,更倾向于选择声望高的职业。大学生对不同社会声望的职业存在显著的内隐偏好,大学生职业声望认知是影响职业生涯规划设计的重要因素。

6) 社会资本因素

研究工科大学生职业生涯规划的影响社会因素,社会资本是一个重要的研究视角。社会资本概念从功能、组织、结构视角看,可以有不同的阐释。皮埃尔·布迪厄认为社会资本是社会资源的集合,社会资源与社会网络相关。社会资本体现于个体交往网络之中,社会资本建立在个体互相信赖基础之上,人们为了共同的利益形成相互合作关系。由此可知,社会资本可以理解为社会网络的产出。

社会资本对于工科大学生求职起到非常重要的作用,是大学毕业生首选的求职渠道。工科大学生的社会资本,即工科大学生通过信息网络、社会网络、机会能力获得社会资源多少,它影响着工科大学生职业生涯规划设计,社会资本对于职业规划起着重要的桥梁作用。

社会资本首先表现为经济成本,即能力成本、社会成本、专业成本。能力成本是指个体所承担的社会义务。个人所应当承担的社会义务,往往对职业的选择有着较大的影响。例如家庭经济负担较重的大学生,在职业生涯规划设计中往往较少考虑职业发展前景,工作舒适度,而更注重职业收入的高低。

职业能力是指个体完成职业活动的基本能力。职业能力是个体从事社会劳动的基本能力,是个体能进入职业领域的首要条件。职业能力是可以培养的,但职业能力相对于其他因素而言可塑性较小,大学生在职业生涯规划设计时往往会从自身的实际情况考虑职业定位。

专业能力是指完成职业工作的专业水平和能力。专业能力是大学生职业生涯规划设计中重要的考量因素。由于工科大学生职业选择的专业性较高,所以职业选择所要求的专业水平和能力也更高,这就决定了大学生在进行职业选择时往往考虑自身的实际情况,评估自己专业水平和能力是否能够满足职业岗位的专业要求。

个体的社会资本可以理解为个体的社会资源。美国杜克大学林南教授将个体拥有的资源按其所属性质分为个人资源和社会资源两种。个人资源是个体所拥有的物质资源和自然禀赋,如体魄智力、教育程度、社会地位和名望是由个人所能支配的,属于个人的资源。社会资源是指不能归个人直接所有的资源,但是社会资源可通过个人的社会网络获得。如果说个人资料有加和性,那么社会资源则具有乘积性。个体可通过社会关系获取各种资源。社会网络是一种社会关系场,社会资源是社会关系场效应。社会关系的亲疏远近与社会资源的获取有着密切关系。现实中,有的人个人资源的积分不高,却神通广大,近乎无所不能,这与上述的社会资源的利用似有关联[①]。

社会资源可以分为有形资源和无形资源。有形资源如人力资源、物力资源、财力资源、土地资源等,无形资源如技术、知识、组织、信息、社会关系等。个体获得社会资源越多职业选择的空间越大,有更多的机会取得更好的社会职业。

社会关系网络是个体获得社会资源的基础,社会资源就是嵌入个体社会网络中的各种资源。社会资源往往不为个体所直接占有,而是通过个体的直接的或间接的社会关系获取。影响职业选择的社会资源因素主要是指某一职业的工作环境、薪酬待遇、职业的社会地位、家庭因素、教育环境、社会文化环境等。大学生的职业生涯规划设计在不同程度上受到社会资源因素的影响。

获得社会资源的难易程度影响工科大学生的目标职业选择和实现职业生涯规划的路径选择。本研究通过社会调研数据分析,工科大学生中有65.2%的人认为,社会资源易得性是影响职业选择的重要社会因素。

---

① 于海.林南教授在复旦谈"社会资源"的观点[J].复旦学报(社会科学版),1991(4):66-67.

上述调研数据说明,工科大学生在职业选择时,多数的工科大学生意识到社会资源可获得性条件是最重要的考量因素,尽管工科大学生所接受的职业教育相对于更鼓励他们选择感兴趣的职业,而少有考虑理想实现的可能性,但是大部分工科大学生已经意识到了社会资源可获得性对其职业选择和职业目标定位的重要性。

4.2.4　工科大学生职业生涯规划影响因素的特征

基于上述分析可知,影响工科大学生职业生涯规划的因素有两类,一是个体主观因素,是源自个体自身的心理或生理需要,为了满足这种需要从而产生相应的行为动机。这类因素反映出个体需要对于行为及实现方式选择的影响。一是社会客观因素,工科大学生的行为并非受自我想象的驱使,作为社会人,由于社会活动的广泛关联性,使其规划活动受到了环绕在其周围的非主观因素的潜在影响。从目前的研究来看,对于影响个体行为的影响因素分类的讨论,主要是依据因素作用的对象来划分,如主观因素和客观因素,又或者依据影响因素与影响对象的关系来进行划分,如内在因素和外在因素。

因此,分析职业生涯规划因素需要考虑两个维度,第一个维度是,在进行职业生涯规划并采取行动的过程中,要实现职业选择并成功进行生涯规划,需要考虑两类因素:其一是职业生涯规划目标的实现需要考虑个体自身的职业兴趣需要,即是影响其职业目标理想确定的因素,这些因素是影响个体理想职业目标的确定,因为职业理想和职业兴趣的形成都不是凭空臆想出来的,它们是受到了来自个体生活和学习中各种外在因素的影响而形成的;其二是职业理想目标是否能够实现,即职业理想目标实现不得不受到现实条件的制约,因此,将职业理想目标转化成实现目标的行动策略过程中,又要考虑影响工科大学生职业生涯规划行动策略实现的因素。

因而,基于第一个维度,工科大学生职业生涯规划行为受到两类因素的影响,即影响职业目标理想确定的因素和影响职业生涯规划行动策略的因素。基于第二个维度,是从工科大学生的社会网络结构视角,考量影响其职业生涯规划行为的因素,由于这种特殊社会网络结构以及工科大学生对该社会网络的强依赖性,使得工科大学生在进行职业生涯规划时,能影响其规划行为的因素可以分为三类,一是职业信息支持因素。对职业的认知影响到职业目标的选择,在认知的过程中也从理想化职业目标逐渐关注于现实性职业目标,这种对职业认知及认知的过程实质来源于工科大学生所在的社会网络。二是职业物质支持因素。物质资源的可获得与否对于工科大学生职业生涯规划的成功而言是至关重要的,资源的可获得性决定了个体职业生涯规划的行动策略和行动方式,而对资源的可获得与否的认知来自个体所在的社会网络。三是职业情感支持因素。工科大学生在职业生涯规划中所获得的,来自社会网络的行为认同、理解、尊重等方面的支持因素。

因此,社会网络与工科大学生职业生涯规划关系视角,考量工科大学生职业生涯规划的影响因素,工科大学生职业生涯规划影响因素分为:职业信息支持、职业物质支持、职业情感支持。

1) 社会网络与职业规划信息支持

影响个体职业规划的信息因素。影响个体职业规划的信息因素,是指个体在特定的社会环境中所获得的与职业相关的一切知识,信息能够为个体选择职业方向、定位职业目标和设计职业通道提供判断依据。个体的信息来源于两个方面,其一,通过阅读相关文献知识获取职业信息,其二,通过社会网络所提供的相关信息获取职业信息。就工科大学生而言,在上述两个通道中,社会网络所提供的职业信息对其职业规划行为影响最大。

2) 社会网络与职业规划物质支持

影响个体职业规划的物质因素。影响个体职业规划的物质因素,是指个体在特定的社会环境中所获得的与职业支持相关的一切物质资源。物质资源能够为个体选择职业方向、定位职业目标和设计职业通道提供行动依据。个体的职业支持物质资源的唯一渠道是社会网络,社会网络所提供的物质支持,为个体职业规划行为选择提供行动策略依据。

3) 社会网络与职业规划情感支持

影响个体职业规划的情感因素。影响个体职业规划的情感因素,是指个体在特定的社会环境中所获得的与职业支持相关的一切情感资源。情感因素能够为个体选择职业方向、定位职业目标和设计职业通道提供感情依据。个体的情感资源来源于两个方面,其一,个体个性倾向与职业偏好,其二,特定社会网络中形成的职业心理认同,其中,个体通过亲缘网络所获取的情感支持较大,就工科大学生而言,鉴于大学生职业生涯尚未起步,加之工程师职业的专业性特征,亲缘网络提供的情感支持对工科大学生职业规划行为选择影响更大。

4.3 工科大学生社会网络特质

4.3.1 工科大学生社会网络特质

工科大学生的社会网络具有以下特质:

1) 社会网络结构简单

工科大学生社会关系较为单纯,在其社会网络中更容易建立社会信任程度较高的互动关系,因此,工科大学生更容易依赖社会网络,从其社会网络中获得信息资源、物质资源和情感支持。

2) 社会网络具有趋同性

工科大学生在社会网络与其他成员在社会特征(性别、年龄、学历、专业)方面分布情况具有趋同性。大学生社会关系比较简单,社会关系的形成依赖社会网络。不同网络的学生也具有趋同性。

3) 社会网络功能具有相似性

由于工科大学生的社会网络趋同性,决定了其社会网络功能也具有相似性。工科大学生在进行职业生涯规划时,由于尚未进入职场,对于职业的认知仅仅来自学校教育、家庭影响,职业兴趣也不稳定。这时社会网络对工科大学生的职业规划的影响,主要是对职业认知和职业理想的影响。而且,社会网络对其职业价值观的形成影响较大。同时,社会网络影响工科大学生职业生涯规划的行为过程也具有相似性,工科大学生在进行职业生涯规划时,很多时候都是在一种理想化状态下进行的,都是按照自己理想来设计的,而这种理想化的规划往往与现实存在着较大的差距,使得这样的职业生涯规划犹如空中楼阁无法顺利实现。同时,由于缺乏在市场中锻炼的职业经历,少有与职业相关的人脉,使得大学生在职业生涯规划过程中显得个体自身价值不足。此外,工科大学生必须借助其所在的社会网络获取职业生涯规划的相应资源,由于其网络结构的趋同性,这使得其从社会网络中所获取的社会资源也具有相似性,如相似的信息,相似的情感支持和相似的职业通道设计。

4)社会网络交流方式具有相似性

社交媒体平台是工科大学生社会网络交往的主要平台。本研究实证调研数据显示,工科大学生经常使用的社交媒体平台有微信、QQ、电子邮件、手机短信等。使用微信的人数占比为 71.3%,仅有 28% 的人不使用微信作为日常社交平台,微信在工科大学生中使用较多,是工科大学生经常用于维系与亲人、朋友和工作关系的主要社交工具。使用 QQ 的人数占比为70.7%,仅有 29.1% 的人不使用其作为日常使用的社交媒体平台,QQ 在年轻的工科大学生中使用较多,是其经常用于维系与亲人、朋友和工作关系的主要社交工具。仅有占比为 19.1% 的人将电子邮件作为日常使用的社交媒体平台,占比为 80% 的人并不将电子邮件作为日常使用的社交媒体平台。仅有占比为 21.9% 的人将手机短信作为日常使用的社交媒体平台,占比为77% 的人并不将手机短信作为日常使用的社交媒体平台。

从上述对经常使用的社交媒体平台的使用情况来看,绝大多数工科大学生将微信和 QQ 作为日常使用最多的社交媒体工具,说明新型的社交媒体工具已经成为工科大学生社会网络的交往工具。因此,工科大学的社会网络结构可以通过这两类新型社交媒体工具来判断分析。依据本研究调查,工科大学生通过新型社交媒体工具构建起来的社会网络更加紧密,可以据此分析社会网络成员之间交往频率,辅助测量工科大学生社会网络密度。

4.3.2　工科大学生亲缘网络特质

社会网络不同的结构和特征对于网络中的行动者会产生不同的影响。而亲缘网络的结构和特征的不同,对于工科大学生的职业生涯规划认知度的影响也不同。根据本研究在对五所工科大学九大工科专业的 1650 位同学的调研中,发现亲缘网络的结构和特征的差异对工科大学生职业生涯规划影响存在差异性。实证调查数据显示,工科大学生亲缘网络结构特征与工科大学生职业生涯规划之间存在相关性。

1)工科大学生亲缘网络结构

关于工科大学生的家庭成员结构情况。本研究调查显示,从家庭成员结构看,来自独生子女家庭的工科大学生人数占比为 57.1%,来自多子女家庭的工科大学生人数占比为 42.6%,不同的家庭结构决定了以亲缘关系为纽带的社会网络结构上的差异,使在该网络结构呈现出不同的规模,而网络规模越大其对网络中的行动者所产生的影响越大。从网络的节点看,多子女家庭比独生子女家庭的网络节点要更多,也就意味着多子女家庭的网络有更高的密度,在这类型家庭中所形成的网络结构的规模更大。来自多子女家庭的工科大学生比来自独生子女家庭的工科大学生所拥有的亲缘网络规模更大,结构更为复杂。

2) 工科大学生亲缘网络特点

本研究调查显示,工科大学生的亲缘网络呈现以下特点。

(1)工科大学生的直系或旁系亲属中与其关系密切的亲属数量在五位及以上的人数占比为 45.1%,拥有关系比较密切的直系和旁系亲属数量在四位的人数占比为 13.6%,拥有关系比较密切的直系和旁系亲属数量在三位的人数占比为 22.2%,拥有关系比较密切的直系和旁系亲属数量在两位的人数占比为 13.1%,拥有关系比较密切的直系和旁系亲属数量在一位的人数占比为 5.9%。拥有关系比较密切的直系和旁系亲属数量反映的是被调研者与直系和旁系亲属的亲密程度,数量越多则亲密程度越大,而这种亲密程度正好反映出被调研者与其亲属间关系的紧密程度,正体现出其亲缘关系网络的密度,数量越多则亲缘关系网络的密度越大。

(2) 工科大学生的父母受教育程度。从工科大学生的父母受教育程度来看,具有小学教育程度的人数占比为 9.6%,具有初中教育程度的人数占比为 28.7%,具有高中教育程度的人数占比为 27.9%,具有专科教育程度的人数占比为 12.8%,具有本科教育程度的人数占比为 18.6%,具有研究生教育程度的人数占比为 2.3%。所受教育程度与职业生涯规划的关系在于:不同的受教育程度会导致不同的职业价值观念,对职业岗位的认识程度也具有差异性,受教育程度高的父母对于职业岗位的认知程度更加深刻,他们所能获得的与职业生涯规划有关的社会资源更多,受教育程度高的父母对子女的职业生涯规划影响更大,同时也使得这部分子女在进行职业生涯规划时对父母有更大的依赖性。

　　(3)工科大学生父亲的职业岗位情况。从工科大学生父亲的职业岗位来看,自谋职业劳动者的人数占比为 25.8%,农村务农的人数占比为 16.8,政府及企事业单位普通工人的人数占比为 13.2%,企业中层及以上管理人员的人数占比为 12.3%,政府及企事业单位一般管理人员的人数占比为 9.9%,政府及事业单位官员(科长及以上)的人数占比为 6.6%,政府及企事业单位工程技术人员的人数占比为 5.9%,教师的人数占比为 5.3%,医生的人数占比为 1.5%,军人的人数占比为 0.4%,失业的人数占比为 2.0%。职业岗位的差异往往意味着对职业岗位了解程度的区别,从事与诸多职业岗位接触的职业可以对更多职业岗位有清楚的了解,处于高位的职业岗位较能掌握更多的职业资源。父亲职业的社会地位和职业层次较高,意味着其对工科大学生的职业认知产生更大的影响,在职业生涯规划的过程中更能提供需要的社会资源。

　　(4)工科大学生母亲的职业岗位情况。从工科大学生母亲的职业岗位来看,自谋职业劳动者的人数占比为 26.1%,农村务农的人数占比为18.0%,政府及企事业单位普通工人的人数占比为 15.6%,企业中层及以上管理人员的人数占比为 10.2%,教师的人数占比为 7.5%,政府及企事业单位一般管理人员的人数占比为 7.2%,政府及事业单位官员(科长及以上)的人数占比为 4.1%,政府及企事业单位工程技术人员的人数占比为 3.7%,医生的人数占比为 1.9%,军人的人数占比为 0.2%,失业的人数占比为 5.5%。母亲职业的社会地位和职业层次较高,一定程度上意味着其对工科大学生的职业生涯规划指导可能更清楚,在职业生涯规划的过程中更能提供需要的社会资源。调查数据还显示,家庭成员的网络异质性越大,所获得的有用的或有差异性的信息越多。

　　(5)工科大学生的家庭经济状况。从家庭经济状况看,家庭年收入在 4 万及以下人数占比为 26.3%,5 万及以上的人数占比为 21.5%,10 万及以上的人数占比为 20.1%,15 万及以上的人数占比为 18.0%,20 万及以上的人数占比为 13.8%。家庭年收入的情况反映的是家庭的基本经济情况,家庭基本经济情况在一定程度上会影响家庭成员的职业价值观和职业目标定位与选择,来自家庭经济状况较好的工科大学生在进行职业生涯规划时可能更多将职业兴趣和职业理想作为职业定位和职业目标选择的依据,而来自家庭经济条件较差的工科大学生则会更多将职业的薪酬水平等作为职业定位和职业目标选择的依据,从而来自不同家庭经济状况的两类工科大学生的职业决策上会呈现显著的差异性。

4.3.3 工科大学生学缘网络特质

社会网络不同的结构和特征对于网络中的行动者会产生不同的影响。而学缘网络的结构和特征的不同,对于工科大学生的职业生涯规划认知度的影响也不同。本研究在对五所工科大学九大工科专业的 1 650 位同学的调研中,发现工科大学学缘网络结构特征的差异影响工科大学生的职业生涯规划的差异性,学缘网络结构特征与工科大学生的职业生涯规划之间存在相关性。

1) 工科大学生学缘网络结构

调研显示,从工科大学生经常交往的同学和老师数量来看,拥有 10 个及以上学缘网络成员的人数占比为 71.9%,20 个及以上学缘网络成员数量为 18.2%。经常交往的学缘网络成员数量反映的是在该网络结构中,与被调研者相关的网络中其他行动者的数量,这一数量体现了工科大学生所在社会网络的规模,学缘网络成员数量越多说明与工科大学生学缘网络中行动者数量越多,相应的工科大学生所在学缘网络的规模越大,反之,学缘网络成员数量越少说明与工科大学生学缘网络中的行动者数量越少,相应的工科大学生所在社会网络的规模也越小。

2) 工科大学生学缘网络特点

本研究社会调查显示,工科大学生学缘网络关系主要是以同学和老师建立起来的社会网络。有 51.2% 的工科大学生认为学校专业教师对其的职业选择和职业目标定位的影响较大,这反映了学校教师作为学缘社会网络的主要行动者,对于工科大学生职业生涯规划产生重要影响。在学缘网络中,因工程技术专业的特殊性,工科大学生与专业教师往往呈现为师徒关系,对职业选择往往通过这一纽带关系,发生影响作用传递,使教师的职业看法和职业支持,对工科大学生职业选择产生影响,产生影响的教师数量越多,其影响力也就越大。与此同时,工科大学生在学缘网络中还受到来自同学的影响。工科大学生的学缘网络,为工科大学生实现职业生涯规划提供信息资源。

4.3.4　工科大学生业缘网络特质

社会网络不同的结构和特征对于网络中的行动者会产生不同的影响。而业缘网络的结构和特征的不同,对于工科大学生的职业生涯规划认知度的影响也不同。在对五所工科大学九大工科专业的 1 650 位同学的调研中,发现工科大学生业缘网络结构特征的差异影响工科大学生的职业生涯规划的差异性。工科大学生业缘网络结构特征与工科大学生的职业生涯规划之间存在相关性。

1) 工科大学生业缘网络结构

调研显示,工科大学生在大学学习期间参加过的专业实习次数一定程度上体现了业缘网络结构。在大学学习期间参加过校外专业实习的次数反映的是工科大学生为实现职业选择和规划所做的准备的基本情况,有39.6%的工科大学生未参加过校外专业实习,参加过 1~2 次的学生占比为 44.8%,参加过 3~4 次的学生占比为 16.6%。从结果上看,除部分调研对象为大一学生,尚未参加校外实习,而大部分工科大学生都在为实现职业规划积极做准备。工科大学生正在努力建立业缘社会网络。

2) 工科大学生业缘网络特点

本次研究调查显示,工科大学生业缘网络社会成员的专业属性,58.1%的工科大学生认为业缘网络成员中有从事与其所学专业相关的工作。这也说明大多数工科大学生的业缘网络是以工程技术专业关联起来的社会网络。

在大学学习过程中工科大学生参加过校外专业实习涉及的岗位数量显示了业缘网络特征。从被调研者在大学学习过程中参加过校外专业实习涉及的岗位数量上看,岗位数量上为 1~2 个工科大学生占比为 75.6%,实习岗位超过 3 个以上的工科大学生数占比为 24.4%。这说明大部分工科大学生在岗位选择上比较稳定,这也是工科大学生专业特征的反映,但是实习岗位的数量在一定程度上反映了工科大学生潜在业缘网络的情况,实习岗位数量少则反映构建的业缘网络的规模较小,网络的密度也较小,实习岗位数量多则构建的业缘网络的规模较大,网络的密度也较强,从数量上看实习岗位超过 3 个以上的工科大学生更能构建起规模更大,密度更大的业缘网络。

4.4 社会网络与工科大学生职业生涯规划的基本逻辑

工科大学生的职业生涯规划是在由社会网络所决定的主客观因素的影响下确定职业选择、职业目标定位和职业通道设计的行动过程。因此,工科大学生职业生涯规划不是停留在纸上的一个方案,它是一个可以具体化的行动方案,这也就意味着职业规划过程受到来自工科大学生自身以及其所处外在客观因素的影响。同时由于采取行动时刻和行动方式的动机并非一种个人无意识或自觉产生的,它体现的是多重因素共同作用的结果,这也就意味着行为动机会受到多种因素的影响。

对于处在特定社会网络中的工科大学生而言,其职业生涯规划行为受多重因素的影响,依据本研究的实证调查显示,影响工科大学生职业规划的社会因素有以下 7 个方面:① 职业岗位的社会声誉;② 职业岗位薪酬水平;③ 职业岗位发展前景;④ 亲属的支持;⑤ 朋友的支持;⑥ 相关工作经历;⑦ 专业相关程度。上述 7 个方面的社会因素影响作用发挥程度,是由工科大学生所处的特殊社会网络决定的。据此,可以从以下几个方面分析社会网络的影响作用:

工科大学生职业生涯规划是基于对每一个影响因素的理解和判断,并在此基础上做出的行为选择。社会资源因素对工科大学生职业规划影响的逻辑是:社会网络结构特征决定了工科大学生社会网络支持程度,进而影响着工科大学生职业规划行为。

4.4.1 社会网络支持与职业选择

1) 亲缘网络支持与工科大学生职业选择之间存在着显著相关性

本研究社会调查显示,不同直系和旁系亲属对工科大学生职业选择的影响程度不同。通过对调查对象关于工科大学生的直系和旁系亲属中谁对其的职业选择影响最大询问回答数据分析,发现共有 69.3%的人认为父母对工科大学生的职业选择影响最大,较近的亲戚和兄弟姐妹也对工科大学生的职业选择产生了一定程度的影响。这说明以血缘亲缘关系所构成的社会网络对于工科大学生的职业选择有着深刻而长远的影响,尤其是父母的影响最为深刻,父母不仅在职业选择价值观上对工科大学生有着深远影响,父母所拥有的社会资源的多寡更是工科大学生进行职业选择的重要参考。

关于家庭或亲属的影响对职业选择的影响程度。调查显示:对于家庭成员的支持程度会否影响工科大学生的职业选择及其影响程度,22.4%的人认为家庭成员的支持程度的影响很大,40.2%的人认为家庭成员的支持程度的影响较大,26.3%的人认为家庭成员的支持程度的影响较小,6.7%的人认为家庭成员的支持程度的影响微弱,仅 4.4%的人认为家庭成员的支持程度没有影响。这说明家庭成员的支持程度对工科大学生的职业选择影响较大,尽管对于家庭支持有不同的程度的影响,但是不可否认的是家庭成员的支持程度是影响工科大学生职业生涯规划的次重要影响因素之一。

工科大学生是如何进行本科专业选择的(来自父母或亲属)。从专业选择的结果看,有 36.9%的学生把依据父母建议选择专业排在第二位,有 16.8%的学生把依据父母建议选择专业排第一位。这说明部分工科大学生在进行专业选择时,是依据父母建议,父母建议在专业选择过程中具有比较重要的地位,且发挥着较大作用。

从专业选择的过程来看,22.8%的学生所学专业由父母直接选择,受访者将父母直接选择排列第三位,另有 20.5%的人认为父母不应代替学生本人直接选择工科大学生的专业。仅有 13.6%的人认为父母可以直接为工科大学生选择本科就读专业。

从专业选择的结果看,有 26.5%的人是听取了亲属的建议而选择目前就读的专业的,为专业选择过程中排在第三位,仅有 11.2%的人将亲属的建议作为本科专业选择的重要参考依据,将其放在影响专业选择因素中的第一位。从上述决定工科大学生目前就读的因素来看,对专业选择影响最大的是父母在专业选择上的建议,然而不可忽视的是来自亲属的建议也在工科大学生专业选择过程中发挥着重要的作用,对于个别学生而言这种影响作用还是比较大的,在主要因素的排序中处于较前的位置。

父母的职业与工科大学生所学专业的相关度。在调查工科大学生父母的职业与其所学专业的相关度时,发现有 29.1% 的人其父母职业与自己的专业完全相关或相关度较高,有 29.3% 的人其父母职业与自己的专业相关度较低,41.1% 的人其父母职业与自己的专业不相关。那么从概率上看,有 50% 的工科大学生其父母的职业与自己的专业呈现不同程度的相关性。

工科大学生的直系或旁系亲属所从事职业是否对其的职业认知有影响。从工科大学生的直系或旁系亲属所从事职业是否对其的职业认知有影响来看,调查显示,7.6% 的人认为影响很大,32.7% 的人认为影响较大,43.9% 的人认为影响较小,只有 15.7% 的人认为是没有影响的。从上述的数据看,对大部分工科大学生而言,其直系或旁系亲属所从事职业对其的职业认知有不同程度的影响,这也说明了以亲缘关系构建的社会网络会对网络中的工科大学生的职业认知产生影响。

2) 学缘网络支持与工科大学生职业选择之间存在着显著相关性

工科大学生如何进行本科专业选择的(来自学校或老师)。从专业选择的结果来看,听取学校老师的建议而选择本科专业的人占比为 29.2%,为专业选择过程中第四位主要选择方式,仅有 11.5% 的人在选择本科专业时将学校老师的建议作为重要参考,并据此选择了本科就读的专业。

从专业选择的结果来看,还有一个重要的影响条件是在专业选择中存在着专业录取调剂,这一影响因素与个人兴趣或父母亲属的影响都不相关,是一种专业选择中的随机行为,值得注意的是有 20.6% 的工科大学生认为是专业调剂导致了他们就读目前专业,这一因素对工科大学生就读现专业有重要的影响作用,也有 37% 的人认为专业调剂的影响不大,应排在最后的位置。

决定工科大学生专业选择的影响因素。调查显示,虽然对专业选择影响最大的是个人兴趣以及父母在专业选择上的建议,然而不可忽视的是来自学校教育和专业调剂也在工科大学生专业选择过程中发挥着重要的作用。

3) 业缘网络支持与工科大学生职业选择之间存在着显著相关性

在考量哪些因素会影响工科大学生的职业选择及影响程度的调研中,对于职业岗位的社会声誉这一因素,29.9% 的人认为该因素的影响很大,

37.9%的人认为该因素的影响较大,24.4%的人认为该因素的影响较小,4.8%的人认为该因素的影响微弱,2.5%的人认为该因素没有影响。这说明职业岗位的社会声誉对工科大学生的职业选择影响较大。职业岗位的社会声誉是影响工科大学生职业生涯规划的重要影响因素之一。

在考量哪些因素会影响工科大学生的职业选择及影响程度时,对于职业的岗位薪酬这一因素,45.8%的人认为职业的岗位薪酬的影响较大,43.3%的人认为职业的岗位薪酬的影响很大,9.0%的人认为职业的岗位薪酬的影响较小,1.2%的人认为职业的岗位薪酬的影响微弱,0.8%的人认为职业的岗位薪酬的没有影响。这说明职业的岗位薪酬对工科大学生的职业选择影响较大。职业的岗位薪酬是影响工科大学生职业生涯规划的重要影响因素之一。

在考量哪些因素会影响工科大学生的职业选择及影响程度时,对于个人的职业兴趣这一因素,47.8%的人认为个人的职业兴趣的影响很大,37.4%的人认为个人的职业兴趣的影响较大,10.5%的人认为个人的职业兴趣的影响较小,3.5%的人认为个人的职业兴趣的影响微弱,0.8%的人认为个人的职业兴趣没有影响。这说明个人的职业兴趣对工科大学生的职业选择影响较大。个人的职业兴趣是影响工科大学生职业生涯规划的重要影响因素之一。

基于上述分析,职业岗位社会声誉、职业岗位薪酬对职业选择影响很大,而工科大学生对职业岗位社会声誉、职业岗位薪酬认知主要来自业缘网络的影响。

此外,从工科大学生理想职业确立的最主要依据来看,仅有 18.4%的人认为个人的职业兴趣爱好是理想职业确立的最主要依据,并在理想职业确立的因素中占首要地位,而 46.2%的工科大学生将个人的职业兴趣爱好排在了理想职业确立的因素中的后 5 位。这说明工科大学生在确立理想职业时,这个理想的职业与个人兴趣爱好并无太大关联,再次折射出工科大学生在进行职业生涯规划时个人兴趣爱好与社会需求之间的矛盾,而且在现实中工科大学生实际上放弃了个人的兴趣爱好,选择了更为现实的因素,这些因素才真正决定着工科大学生的职业生涯规划行为。

个体对职业的心理承受程度也是工科大学生理想职业确立的重要参考因素,职业岗位辛苦的程度、工作地点的远近,假期的长短都会在一定程度上对工科大学生的职业目标选择形成一定的影响。本研究调查显示,职业岗位的辛苦程度也是影响职业目标确立的重要因素之一。从工科大学生理想职业确立的最主要依据来看,仅4.9%的人认为职业岗位的辛苦程度是确立理想职业的最重要依据,排序为第一位,29.5%认为职业岗位的辛苦程度也是确立理想职业的重要依据,但其的重要程度排到第四位。从数据上看,多数人认为职业岗位的辛苦程度是确立理想职业的依据,但是职业岗位的辛苦程度在理想职业确立的过程中发挥的影响很小。这里有两种可能性:一是,工科大学生在进行理想职业确立的过程中,确实认为职业辛苦的程度不在其考虑的范围之内,其他因素才是确立理想职业的重要因素。第二,大多数工科大学生在确立理想职业时比较理想化,缺乏对理想职业的深度了解,将职业辛苦的程度默认为可以接受的。

4.4.2　社会网络支持与职业目标定位

1) 工科大学生亲缘网络与工科大学职业目标定位之间存在相关性

本研究的社会调查显示,从对直系和旁系亲属中有从事与工科大学生目前所学专业相关的调研情况看,65%的工科大学生的直系和旁系亲属中没有从事与工科大学生目前所学专业相关工作的,34.2%的工科大学生的直系和旁系亲属中有从事与工科大学生目前所学专业相关工作的,那么这部分学生在选择就读专业的过程中可能受到直系或旁系亲属专业属性的影响。

工科大学生的直系和旁系亲属中从事与其理想职业相关的情况。56.4%的工科大学生的直系和旁系亲属中没有从事与工科大学生理想职业相关工作的,这一情况可以反映出两种可能性:第一,可能在其直系和旁系亲属中确实没有从事与工科大学生理想职业相关工作的;第二,可能在直系和旁系亲属中有从事与工科大学生专业相关工作的,而工科大学生对其目前所学专业并不感兴趣,因此他想逃离这一专业选择自己的理想职业。因此,在具体判断是哪一种情况时还需要对情况进一步分析,但这也反映了工科大学生在职业选择中的一个基本矛盾,即个人职业兴趣与社会需求之间的矛盾。

关于工科大学生的父母对职业岗位的态度对其制定职业生涯规划的影响。从工科大学生的父母对职业岗位的态度对其制定职业生涯规划的影响看,仅有 12.6% 的人认为父母对职业岗位的态度对其制定职业生涯规划没有影响,而 87% 的人认为父母对职业岗位的态度对其制定职业生涯规划会有不同程度的影响,其中 9% 的人认为父母对职业岗位的态度对其制定职业生涯规划会有很大的影响。这也说明了父母的职业价值观会通过以亲缘关系构建的社会网络传递给网络中的工科大学生,从而对工科大学生的职业价值观产生影响。而职业价值观将直接影响工科大学生的职业选择以及职业生涯规划的实现路径。

2) 工科大学生学缘网络与工科大学职业目标定位之间存在相关性

关于在大学学习期间专业教师对工科大学生的职业认知的影响。从在大学学习期间专业教师对工科大学生的职业认知的影响情况看,有 10.7% 的人认为专业教师对其的职业认知影响很大,有 51.2% 的人认为专业教师对其的职业认知影响较大,仅 5.8% 的人认为专业教师对其的职业认知没有影响。这反映出,专业教师作为以学缘关系为纽带的社会网络的行动者,他对职业的认知会影响到在同一网络中的另一行动者工科大学生对职业的认知,在这一网络中,工科大学生与专业教师以师徒关系为纽带,对职业的认知会通过这一纽带从专业教师传递到工科大学生,从而对工科大学生的职业认知产生了影响,并且产生影响的老师数量越多,其产生的影响力就越大。

关于工科大学生在大学学习期间是否接受过职业生涯规划教育。对被调研所接受职业生涯规划教育的情况来看,52% 的工科大学生没有接受过职业生涯规划教育,仅 47.7% 的工科大学生没有接受过职业生涯规划教育,这说明有一半的工科大学生没有接受过职业生涯规划教育或者说对职业生涯规划教育是什么并不清楚。这一数据反映了工科大学生对职业生涯规划的认知程度,工科大学生的学缘网络为其提供基本的职业认知,没有接受过相应职业生涯规划教育或者不清楚职业生涯规划教育,说明工科大学生对于职业生涯规划的认识是比较模糊的,也就难以做好自己的职业生涯规划。

工科大学生在大学学习期间是否制定过职业生涯规划。从被调研者在大学学习期间是否制定过职业生涯规划的情况看,56.2%的工科大学生没有进行过职业生涯规划,这与前面一项调研的结果是一致的,没有职业生涯规划认知或认知度不够,就不会或不可能有清晰的职业生涯规划,也更难产生合理的职业生涯规划行动准备了。

工科大学生目前从事的职业与其在大学接受的专业教育的相关度。对于已经毕业走上职业道路的工科大学生,当他们回忆当年的职业生涯规划道路时,认为目前从事的职业与在大学接受的专业教育相关度很高的人数占比 23.3%,认为目前从事的职业与在大学接受的专业教育相关度较高的人数占比 47.1%,认为目前从事的职业与在大学接受的专业教育相关度较低的人数占比 21.7%,认为目前从事的职业与在大学接受的专业教育不相关的人数占比 7.4%。上述数据反映了学校专业教育与工科大学生所从事的职业之间的关联,学校专业教育通过学缘网络对工科大学生的职业选择有着重要的影响,但是这种影响力并非非常大,仍有近30%的工科大学毕业生认为学校的专业教育与未来职业的相关度并不大,甚至没有影响。学校提供的专业教育主要是帮助工科大学生提高对专业和未来可能从事职业的认知度,但是职业的选择和生涯的规划还往往受到实现职业选择和规划的社会资源可获得性的影响。

3) 工科大学生业缘网络与工科大学职业目标定位之间存在相关性

关于工科大学生会否因为想了解某一职业岗位情况而加入某朋友圈。从工科大学生会否因为想了解某一职业岗位情况而加入某朋友圈的调研来看,有 62.5%的人选择了会加入某朋友圈,有 35.6%的人不会因此加入某朋友圈。该数据反映了工科大学生对职业认知的渴望程度,说明大多数工科大学生渴望增强对职业的认知程度,并会因此进入能帮助其强化职业认知的社交圈,也会因此构建以职业认知为纽带的社会网络。

关于工科大学生是否能在学校专业实习中学到相关职业岗位知识,有 11.8%的人认为学到很多,有 50.5%的人认为学到较多,有 33.5%的人认为学到很少,有 4.1%的人认为没有学到知识。这一数据说明,通过学校提供的专业实习机会,大多数工科大学生能学到与职业岗位相关的知识,专业实习提供了工科大学生职业认知的机会,帮助工科大学生构建了以工作为纽带的业缘网络,并帮助工科大学生提升对职业的认知程度。

4.4.3　社会网络支持与职业通道设计

1) 工科大学生学缘网络与工科大学职业通道设计之间存在相关性

本研究的社会调查显示,职业岗位的能力要求同样会影响工科大学生的职业选择,对于职业岗位能力要求这一因素,有 25.6% 的人认为职业岗位能力要求的影响很大,44.6% 的人认为职业岗位能力要求的影响较大,18.3% 的人认为职业岗位能力要求的影响较小,5.4% 的人认为职业岗位能力要求的影响微弱,4.9% 的人认为职业岗位能力要求没有影响。这说明职业岗位能力要求对大多数的工科大学生的职业选择有着重要影响。职业岗位能力要求是影响工科大学生职业生涯规划影响因素中的重要参考因素。拥有相关工作的经历也是重要的能力成本之一。

关于相关职业工作经历对职业生涯规划的影响,有 19.8% 的人认为相关职业工作经历的影响很大,35.7% 的人认为相关职业工作经历的影响较大,29.3% 的人认为相关职业工作经历的影响较小,9% 的人认为相关职业工作经历的影响微弱,6.2% 的人认为相关职业工作经历没有影响。这说明相关职业工作经历对大多数的工科大学生的职业通道设计有着重要影响,有无相关工作经历往往是工科大学生进行职业生涯规划时重点考虑的因素,相关工作经验的多少也反映出工科大学生对相关职业的认知程度。

2) 工科大学生业缘网络与工科大学职业通道设计之间存在相关性

具备职业岗位知识与能力是大学生制定职业生涯规划需要具备的条件,也是工科大学生实现职业理想的重要专业成本之一。有 72.9% 的人认为具备职业岗位知识与能力是必备的条件,26.8% 的人认为具备职业岗位知识与能力不是制定职业生涯规划需要具备的条件,这说明具备职业岗位知识与能力也是大多数的工科大学生的职业生涯规划中进行职业通道设计的重要参考条件,具备职业岗位知识与能力决定了工科大学生实现职业生涯规划的路径选择。

接受相关的专业教育和训练也是工科大学生制定职业生涯规划需要具备的条件之一,据本研究的实证调查,有 51.9% 的人认为接受相关的专业教育和训练是必备的条件,这说明接受相关的专业教育和训练也是大多数工科大学生职业生涯规划的重要参考条件,但是与职业岗位知识与能力比较而言,接受相关的专业教育和训练在工科大学生实现职业生涯规划路径选择的过程起着较为重要的作用。

工科大学生在学校专业实习期间了解职业岗位的主要渠道。在考查工科大学生在学校专业实习期间了解职业岗位的主要渠道时,有 37.3% 的人认为企事业单位的岗位培训是工科大学生了解职业岗位的主要渠道,这是工科大学生了解职业岗位的重要渠道之一,有 14.1% 的人认为企事业单位的岗位培训并不是工科大学生了解职业岗位主要渠道,并认为其是了解职业岗位主要渠道中的最不重要的一个。

在考查工科大学生在学校专业实习期间了解职业岗位的主要渠道时,有 17.4% 的人认为职业岗位实际训练是工科大学生了解职业岗位的首要渠道,37.8% 的人认为职业岗位实际训练是工科大学生了解职业岗位的主要渠道之一,有 6.7% 的人认为职业岗位实际训练并不是工科大学生了解职业岗位的主要渠道,并认为其是了解职业岗位的主要渠道中的最不重要的一个。

关于工科大学生在学校专业实习期间了解职业岗位的主要渠道情况,调查显示,仅有 16% 的人认为企事业单位同事指导是工科大学生了解职业岗位的首要渠道,59.1% 的人认为企事业单位同事指导是工科大学生了解职业岗位的主要渠道之一,有 8.6% 的人认为企事业单位同事指导并不是工科大学生了解职业岗位的主要渠道,并认为其是了解职业岗位的主要渠道中的最不重要的一个。

关于工科大学生在学校专业实习期间了解职业岗位的主要渠道,调查显示,仅有 22.1% 的人认为实习过程中自我学习观察是工科大学生了解职业岗位的首要渠道,41.2% 的人认为企事业单位同事指导是工科大学生了解职业岗位的主要渠道之一,有 36.6% 的人认为企事业单位同事指导并不是工科大学生了解职业岗位的主要渠道,并认为其是了解职业岗位的主要渠道中的最不重要的一个。

从上述工科大学生在学校专业实习期间了解职业岗位的主要渠道的调查中,发现虽然企事业单位的岗位培训和职业岗位实际训练是了解职业岗位的最主要渠道,但企事业单位导师带教和企事业单位同事指导对于工科大学生了解职业岗位也非常重要,这说明工科大学生在实习期间构建的以工作为纽带的业缘网络对于其提高职业岗位的认识有着重要的影响,而相反靠自我学习观察,反而不是了解职业岗位的最佳渠道,这验证了业缘网络对工科大学生的职业认知有着重要的影响作用。

在大学学习过程中工科大学生参加过校外专业实习涉及的岗位数量。调查显示,岗位数量上为 1~2 个工科大学生占比为 75.6%,实习岗位超过 3 个以上的工科大学生数占比为 24.4%。这说明大部分工科大学生在岗位选择上比较稳定,这也是工科大学生专业特征的反映,但是实习岗位的数量反映了工科大学生潜在业缘网络的情况,实习岗位数量少则构建的业缘网络的密度较小,网络的强度也较小,实习岗位数量多则构建的业缘网络的密度较大,网络的强度也较强,从数量上看实习岗位超过 3 个以上的工科大学生更能构建起密度更大,强度更大的业缘网络。

工科大学生在专业实习期间建立的职业朋友圈是否对其了解职业岗位有帮助。调查显示,有 10.3% 的人认为在专业实习期间建立的职业朋友圈对其了解职业岗位有很大帮助,有 47% 的人认为在专业实习期间建立的职业朋友圈对其了解职业岗位有较大帮助,仅有 5.9% 的人认为在专业实习期间建立的职业朋友圈对其了解职业岗位没有帮助。这说明,以工作为纽带建立起来的业缘网络对工科大学生的职业认知也有实质的影响,在该网络上建立的关系越多,越能有助于对职业岗位的认知。该由工作关系维系的业缘网络影响了工科大学生对职业的认知,工科大学生也依赖这一个网络了解目标职业,从而能更好地进行职业选择并进行相应的职业生涯规划。

关于工科大学生能否通过朋友圈寻找到理想职业。调查显示,有 11% 的人认为这种可能性很大,34.7% 的人认为这种可能性较大,47% 人认为这种可能性较小,7.2% 的人认为可能性非常小。能否通过朋友圈寻找到理想职业反映的是,作为行动者的工科大学生从以兴趣爱好或工作为纽带形成的业缘网络中能否获得与目标职业有关的职业认知,并且实现职业选择和职业生涯规划。从数据上看,过一半的工科大学生认为能够从业缘网络中获得与目标职业有关的职业认知,并且实现职业选择和职业生涯规划,而业缘网络对其目标职业认知及职业生涯规划实现的可能性会产生重要影响。

关于学校专业教育的影响作用。调查显示，仅有 5.4% 的人认为学校的职业教育是理想职业确立的最主要依据，并在理想职业确立的因素中占首要地位，而更多的工科大学生（80%以上）认为学校的职业教育不是理想职业确立的最重要因素，即便学校职业教育对理想职业的确立有影响，但这种影响实在是比较微弱的。

上述数据分析显示，工科大学生确立职业理想，职业岗位薪酬水平、职业岗位发展前景和个人兴趣爱好是三大重要因素。从这三大因素在工科大学生理想职业确立过程的排序来看，个人兴趣爱好排在最后，这说明工科大学生在确立理想职业时，个人兴趣爱好影响不如职业岗位薪酬水平、职业岗位发展前景，这从一个方面折射了工科大学生在规划职业生涯时，个人兴趣爱好与社会需求之间的矛盾，而且在现实中，个人的兴趣爱好往往让位于职业岗位薪酬水平、职业岗位发展前景的优势。由此可知，职业岗位薪酬水平、职业岗位发展前景对工科大学生的职业生涯规划影响更大，这反映出工科大学生在理想职业确立过程中对现实的积极妥协。

因此，工科大学生在规划职业生涯和选择方案，不仅考量职业理想目标的实现程度，更重要的是受到外在社会因素条件的约束，是在约束条件下实现其职业生涯规划，因此，研究工科大学生的职业生涯规划影响因素，要从影响工科大学生确定职业理想的因素和影响其行动策略的因素两个方面考量。在上述两类因素中，确定职业理想的因素既包括了主观因素和客观因素。然而，主客观因素发挥作用也取决于工科大学生所处的社会网络，社会网络的存在或潜在影响，对工科大学生的职业生涯规划产生了深刻影响。

在特定社会网络的背景下，影响工科大学生职业生涯规划的主客观因素具体表现为，影响职业岗位认知的因素和影响职业理想实现的社会资源可获得性因素，这两类影响对工科大学生的职业生涯规划和规划实现产生实际而深刻的影响。

工科大学生在进行职业生涯规划时，他的选择必然受到所选工程技术发展的阶段，工程职业的发展现状以及与工程专业相关的职业教育内容等诸多现实因素的制约。不仅如此，工科大学生所特有的特殊社会网络以及其在该社会网络背景下职业生涯规划行为的特殊性,使得在判断其职业生涯规划的影响因素时,具有了特殊性。

工科大学生的职业生涯规划行为内在的逻辑递进,可分解成三个阶段:第一是职业选择阶段,在这一阶段,工科大学生依据已有的职业兴趣、对理想职业的了解程度以及可能实现的程度而进行职业目标的选择;第二阶段是职业目标定位阶段,在这一阶段工科大学生对实现理想职业目标进行分析和选择,对依据职业生涯可实现的现实条件进行考量,从而确立未来的职业目标;第三是职业生涯通道设计阶段,在这一阶段,工科大学生依据实现职业目标的条件和职业生涯规划实现路径的要求,进行职业知识和能力上的准备,并制定实现其目标的行动步骤。

上述三个阶段中隐含着的内在逻辑是,即工科大学生职业选择、职业目标定位和职业通道设计,其选择依据的信息来源是工科大学生特定的社会网络。工科大学生尚未踏上社会,社会网络关系相对简单,工科大学生依据情感依赖形成以家庭血缘关系为特征的亲缘网络;依据大学生活形成的学缘网络;依据以志同道合的朋友关系而形成的业缘网络,工科大学生在三个社会网络中所获得的网络支持,影响着工科大学生职业生涯规划行为。据此,工科大学生社会网络并不直接对其职业生涯规划行为产生影响,工科大学生通过社会网络获得信息资源、物质资源和情感资源,进而影响工科大学生的职业规划行为。

综上所述,工科大学生在其特定社会网络中所获得的网络支持对于工科大学生职业生涯规划行为有重要影响,它决定了工科大学生职业选择、职业目标定位和职业通道设计行为。

4.5　工科大学生职业生涯规划的社会网络分析模型

4.5.1　理论假设

基于本研究对 1650 位工科大学生的问卷调查(实际有效问卷 1620 份),运用社会网络理论分析框架,本研究提出以下理论假设:

第一,社会网络与工科大学生职业生涯规划之间存在显著相关性。

　　第二,工科大学生的社会网络结构特征存在显著差异性,工科大学生社会网络结构特征与社会网络支持之间存在显著相关性。

　　第三,工科大学生社会网络结构特征与社会网络支持之间存在复杂关系,不同的社会网络结构特征与社会网络支持相关性存在差异性。

　　第四,工科大学生社会网络支持与其职业生涯规划行为之间存在显著相关性。

　　第五,工科大学生社会网络支持与工科大学生职业生涯规划之间存在复杂关系,不同的社会网络支持与工科大学生职业生涯规划相关性存在差异性。

4.5.2　社会网络分析模型

　　基于上述分析,工科大学生的社会网络可以分为,亲缘网络、学缘网络和业缘网络。工科大学生的社会网络呈现不同的网络规模、网络密度、网络异质性和网络关系强度;网络规模、网络密度、网络异质性和网络关系强度特征与工科大学生职业规划行为的网络支持存在着复杂关系,工科大学生职业规划行为的网络支持,即信息资源、物质资源和情感资源支持越强,其特定的职业规划行为动机越强。

　　综上所述,社会网络对工科大学生职业生涯规划影响的理论模型如下:

　　(1)亲缘网络理论模型。工科大学生的亲缘网络特征,即网络规模、网络异质性、网络密度、关系强度,决定了网络支持程度,即信息资源、物资资源和情感资源的获得程度,社会资源获得程度影响了工科大学生职业选择、职业目标定位和职业通道设计。

　　如图 4-1 所示。

　　(2)学缘网络的理论模型。工科大学生的学缘网络特征,即网络规模、网络异质性、网络密度、关系强度,决定了网络支持程度,即信息资源、物资资源和情感资源的获得程度,社会资源获得程度影响了工科大学生职业选择、职业目标定位和职业通道设计。如图 4-2 所示。

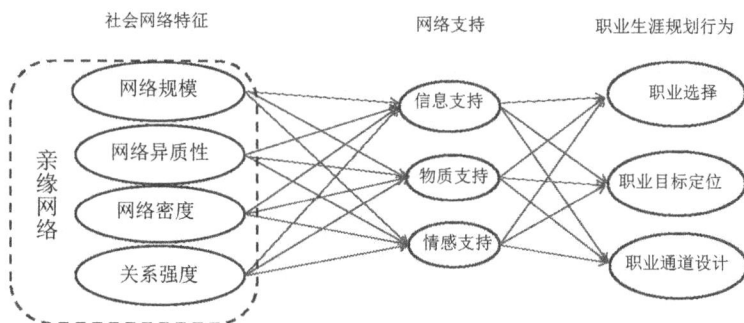

图 4 - 1　亲缘网络对工科大学生职业生涯规划影响的理论模型

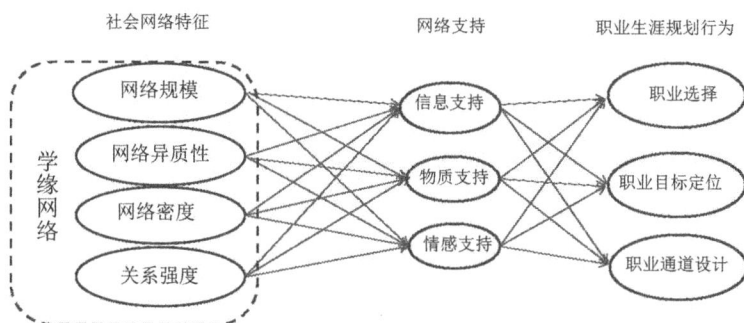

图 4 - 2　学缘网络对工科大学生职业生涯规划影响的理论模型

（3）业缘网络的理论模型。工科大学生的业缘网络特征，即网络规模、网络异质性、网络密度、关系强度，决定了网络支持程度，即信息资源、物资资源和情感资源的获得程度，社会资源获得程度影响了工科大学生职业选择、职业目标定位和职业通道设计。如图 4 - 3 所示。

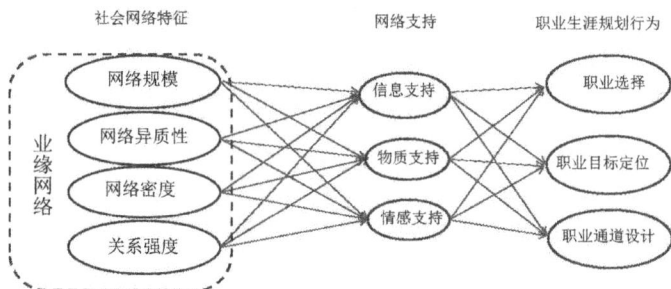

图 4 - 3　业缘网络对工科大学生职业生涯规划影响的理论模型

　　由上述图所示亲缘网络、学缘网络和业缘网络理论模型可以看出,社会网络影响工科大学生职业生涯规划的逻辑是:工科大学生的社会网络由于其网络特征(网络规模、网络密度、网络的异质性和关系强度)的不同,工科大学生从中所获得的网络支持也有所不同,而正是由于网络支持的差异,导致了工科大学生职业生涯规划行为动机和行为的差异。

4.6　本章小结

　　本章系统论证了社会网络与工科大学生职业生涯规划的内在逻辑。

　　首先,阐释了社会网络的分析理论及在工科大学生职业生涯规划研究中的方法论意义。社会网络分析是基于社会网络和社会网络结构及特征分析的规范和方法。将社会网络分析方法运用于工科大学生职业生涯规划研究,是基于工科大学生的社会网络,分析工科大学生的社会网络规模、社会网络异质性、社会网络密度、社会网络中行动者之间关系强度等因素,如何决定工科大学生获得社会资源(信息资源、物质资源和情感资源)状态,进而影响工科大学生的职业生涯规划。

　　其次,从个体和社会两个维度,系统分析了工科大学生职业生涯规划的影响因素。基于个体社会网络结构,直接作用工科大学生的职业生涯规划影响因素可概括为:职业信息支持因素、职业物质支持因素、职业情感支持因素。

　　再次,基于本研究所获得的社会调查数据,分析概括了工科大学生亲缘社会网络、学缘社会网络和业缘社会网络的特征。最后,基于特定社会网络决定了工科大学生职业规划的社会影响因素的判断,分析了社会网络支持与工科大学生职业选择、职业目标定位和职业通道设计之间的逻辑关系。

第5章　社会网络对工科大学生职业生涯规划影响实证研究

5.1　实证研究设计

本研究基于问卷调查所获得的研究数据,对理论研究模型进行实证检验。实证研究的设计,首先测量各研究变量,确定定量分析方法,并对测量量表的信度进行了检验;其次,运用相关分析法验证社会网络、社会网络支持与工科大学生职业生涯规划之间的内在联系;再次,运用方差分析法验证不同类型工科大学生的社会网络结构的差异性;最后,运用结构方程模型分析社会网络对工科大学生职业生涯规划影响,并对实证检验的结果进行了简要的总结和讨论。

5.1.1　研究变量的测量

1) 社会网络的变量测定

社会网络分析涉及许多与网络结构和特征相关的变量,本研究主要选取网络规模、网络异质性、网络密度和网络关系强度四个社会网络分析变量。网络规模、网络异质性、网络密度和网络关系强度四个变量集中地反映了工科大学生社会网络的特征。

进行社会网络变量测定的前提是确定社会网络的变量测定边界。工科大学生的亲缘网络、学缘网络和业缘网络,因各个社会网络行动者的不同,其社会网络的边界也不同。一般而言,社会网络的变量测定边界是通过被调查者列举出的与其形成社会网络联系的行动者有限人数确定的(一般是3～5人)。

　　以往的学者在社会网络的研究中,确定网络行动者的"生成",主要采用了两种方法,即提名法和定位法①。第一种方法,是以提名的方式来确定与被试相关的网络成员。提名法也称为提名生成法。这是社会网络分析常用的方法之一。提名法在实际使用中有许多种,其中以美国学者 Burt 的"核心讨论网"方法比较简明和常用,"核心讨论网"是国外社会网络研究中最经典的主体网之一(Burt,1984)②,源自 Burt 在 1985 年主持以研究美国人"核心讨论网"为主要内容的美国综合社会调查项目时所设计的量表,这个量表成为之后社会网络研究中经常被使用的标准问卷之一③。基于"核心讨论网"提名法的操作方法是,根据研究的需要,询问被调查者一个或几个涉及其在某种角色关系(亲戚、朋友)中或是内容领域(工作、学业)中与他人关系的问题,来了解被调查者与关系人的关系以及这些关系人的情况或之间的关系。如让被调查者列举在某一时间段中与其讨论过重要问题的关系人的姓名,以及这些关系人的个人特征(如受教育程度、职业范围等),通过了解被调查者个体与这些网络成员之间的关系以及网络中各成员相互之间的关系,从而判断推导出该网络的异质性和关系强度。网络成员通常限定在 3～5人④。提名法在国内外的社会网络实证研究中被多次运用,只是学者们会根据自己研究的需要对提名法中的问题和对象进行相应的调整⑤⑥。提名法的优点在于可以通过比较详细地了解被调查者的个人网络情况,在调查过程中对个人网络中人数的限定,使得调查的范围可控,利于调查的开展。但是,林南也指出提名法由于人数的限定,会使得被调查者仅根据提名题目,提名与之存在强关系的网络成员,容易遗漏网络边界之外的其他关系人,从

---

　　① 林南.社会资本——关于社会结构与行动的理论[M].张磊,译.上海:上海人民出版社,2005:86.

　　② 王卫东.中国城市居民的社会网络资本与个人资本[J].社会学研究,2006(3):151-166.

　　③ 刘宁.企业管理人员职业生涯成功的影响因素研究:社会网络观点[M].北京:北京大学出版社,2011.

　　④ Burt R S. Structural holes: The social structure of competition[M].Cambridge, MA: Harvard University Press,1992.

　　⑤ Lin S C,Huang Y M. The role of social capital in the relationship between human capital and career mobility: Moderator or mediator? [J]. Journal of Intellectual Capital,2005,6(2):191-205.

　　⑥ Ruan D. The content of the GSS discussion networks: an exploration of GSS discussion name generator in a Chinese context. [J]. Social Networks,1998,20:247-264.

而使得数据不完整[①]。

　　第二种方法,是借助社会中特征明显的结构位置,探讨网络中成员关系的方法。定位法又称为位置生成法,是美国社会学家林南在进行社会资本研究时提出来的。该研究方法受到了中国学者的关注并普遍采用[②]。这种方法重点关注网络成员所拥有的社会资源情况而非被调查者的具体网络情况以及成员之间的关系。通常该方法运用社会中特征显著的结构位置,如职业、工作单位、阶层等为指标,考查被调查者在每一位置上的交往情况,然后将调查对象的社会网络成员分别归入不同的类别,以此判断社会网络中所嵌入的资源的多寡。这种测量的方法假设社会资源是按社会地位从高到低分布,每一个网络成员所拥有的社会资源主要取决于其所处的社会结构性地位[③]。这种方法通常会从网络规模、网络密度、网络位差、网络顶端几个方面来测度社会网络[④]。定位法的优点在于其在操作中更为简便,所涉及的被调查者的隐私也较少。但由于它常常需要以准确的各类社会职业的排名为基础,这种排名本身受到社会职业价值观等多种因素的影响,具有不稳定性,同时也缺乏权威职业排名为支撑,为此在实际操作中存在短板。

　　本研究旨在讨论社会网络对工科大学生职业生涯规划影响,主要聚焦工科大学生三个主要社会网络,即亲缘网络、学缘网络和业缘网络。考虑到抽样样本的数量比较大,而且涉及三个网络。因此,本研究通过对工科大学生社会网络相关问题设定,呈现其社会网络的规模、异质性、密度和关系强度的变量因素。

　　2) 社会网络结构维度的测量

　　(1)网络规模。网络规模是指某个社会网络中成员的数量,该数量反映了一个人拥有社会网络资源的程度。社会网络规模测量的难易程度取决于社会网络的性质以及研究的需要。确定网络规模的方法可以是由各网络的

　　① Lin Nan. Building a network theory of social capital[J]. Connections, 1999,22(1):28 - 51.

　　② 边燕杰,张文宏.经济体制、社会网络与职业流动[J].中国社会科学,2001(2):77 - 89.

　　③ 刘宁.企业管理人员职业生涯成功的影响因素研究:社会网络观点[M].北京:北京大学出版社,2011:103.

　　④ Lin Nan. Social Capital:A theory of social structure and action[M]. Cambridge Press, 2001.

行动者根据实际情况确定,也可以通过研究者根据自己的研究偏好确定,但不论是使用哪一种方法,确定网络规模需要列举出行动者的有限集合①,有限集合的具体限定可以根据实际情况进行预估。

在本研究中,通过让被调查者认真回顾与其有不同关系联结的网络成员的数量,并在给定的区间中进行选择。由于考虑到在不同网络中网络成员数量和区间的差异性,在网络规模的测量中根据不同的网络给出了不同的规模区间。在计算亲缘网络的规模时,按照网络规模的区间"1 位"=1,"2 位"=2,"3 位"=3,"4 位"=4,"5 位及以上"=5 的方式赋值,将被调查者的选择转变为具体的数据;在计算学缘网络的规模时,按照网络规模的区间"4 个及以下"=1,"5 个及以上"=2,"10 个及以上"=3,"15 个及以上"=4,"20 个及以上"=5 的方式赋值,将被调查者的选择转变为具体的数据;在计算业缘网络的规模时,按照网络规模的区间"1~10"=1,"11~20"=2,"21~30"=3,"60 个以上"=4 的方式赋值,将被调查者的选择转变为具体的数据。

(2)网络异质性。指以某种社会特征为指标,考量某个社会网络中全体成员(不包括自我)在此特征上的分布状况。通过异质性的考量,观察被调查者的社会网络的重复性,即关系人是否分布在不同的阶层或群体。一般选择的特征为年龄的异质性、教育程度的异质性或职业的异质性,根据本研究的需要,选择了教育程度的异质性、受教育层次和职业的异质性为主要考量指标。运用归一的方法,将网络异质性的变量取值为 0~1。

(3)网络密度。网络密度又称为网络紧密度,主要用来评价一个社会网络成员之间的相互关系程度。是网络成员相互认识的对数除以网络成员最大可能认识的对数。这是一个在网络研究中广泛使用的测量方法②。若一个社会网络中,核心成员与其他所有成员的关系为单向关系,则该网络的密度为 0,如网络成员彼此之间都有联系,呈现多向关系,则该网络的密度为 1。工科大学生的社会关系相对较单纯,其社会网络的成员主要是认识的同学、老师和亲友,这些成员之间也有不同程度的熟识度,因此,在调查问卷中根

① 刘军.社会网络分析导论[M].北京:社会科学文献出版社,2004.
② Borgatti S P, Jones C, Everett M G. Network measures of social capital[J].Connections,1998,21(2):27-36.

据不同的社会网络中成员对工科大学生在职业生涯规划过程中影响程度的差异作为判断是否维持密切关系的参照,运用归一的方法,将网络密度的变量取值为 0～1。

3) 网络关系维度的测量

社会网络的关系维度主要通过关系强度来测量。网络成员的关系强度是社会网络测量中的重要组成部分。在社会网络研究中,Granovetter 把网络成员之间的关系分为"强关系"和"弱关系",并可通过使用四个指标来测量关系的强弱[①]:一是互动的频率,即网络成员间互动的时间和次数的频率,互动频率越高则为强关系,互动频率越低则为弱关系;二是情感密度,即以情感的深浅作为关系强弱的判断依据;三是熟悉或相互信任的程度,即以关系成员间熟悉或相互信任的程度作为关系强弱的判断依据;四是互惠交换,关系成员间互惠交换多而广则为强关系,少而狭则为弱关系。但是,很多研究者为了研究方便,更多地采用了单一的指标来进行测量。常用的方法为互动法和角色法,互动法是根据关系人之间的互动频率作为关系强度判断的标准,角色法是根据被调查者与关系人的角色关系来判断关系强度,如朋友、亲属被认定为强关系,同学、老师或熟人被认定为弱关系。这一方法在一些中国学者的研究中得到了体现,如在职业流动研究中用关系类型和熟悉程度来测量关系的强度,将亲属和朋友定义为强关系[②]。

考虑到互动法和角色法的运用简便,并且各自有优点,因此在本研究中结合了互动法和角色法,考虑到不同网络中网络成员的关系的强度测量,以及在同一网络中由于网络成员互动的差异而产生的关系强度差异,而进行了相关问题的设计。在进行强度的分类时,参考了其他社会学家对于关系强度测量的方式,按照熟悉或亲近的程度设计相关问题的答案并赋予分值进行计算,同时将相关问题进行归一化处理,变量取值为 0～1 之间,得分越高者其所在网络成员关系强度越高。

4) 网络支持变量的测量

本研究中网络支持变量包括三个:信息支持、物质支持和情感支持。

---

①　Granovetter M S. The strength of weak ties[J]. American Journal of Sociology,1973(6):1360-1380.

②　边燕杰.社会网络与求职过程[J].国外社会学,1999(4):1-13.

（1）信息支持。信息支持主要是测量工科大学生在不同的网络中获取的关于职业生涯规划有关的信息情况,包括对职业岗位的认知、职业定位所需信息的掌握、职业目标实现的可能性等。本研究将信息支持的程度设定为1～4级。个别题目通过归一化处理后数据取值也归为1～4级。

（2）物质支持。物质支持主要是测量工科大学生在不同的网络中获取的关于职业生涯规划有关的资源情况,这种资源不是信息资源,而是影响职业生涯规划行为的人脉资源、财务及物资资源等。本研究将物质支持的程度设定为1～4级。

（3）情感支持。情感支持主要用于测量工科大学生在不同网络中获得的关于职业选择和职业定位的情感因素,这种情感支持是来自父母、朋友对某一职业的看法、职业价值观的影响。本研究将情感支持的程度设定为1～4级。

5）工科大学生职业生涯规划的测量

本书研究中工科大学生职业生涯规划的变量包括三个:职业选择、职业目标定位和职业通道设计。

（1）职业选择。职业选择主要用于测量工科大学生在不同社会网络中获得的信息、物质、情感支持对其职业选择的影响程度,本研究将网络支持对工科大学生职业选择的影响程度设定为1～4级。

（2）职业目标定位。职业目标定位主要用于测量工科大学生在不同网络中获得的信息、物质、情感支持对其未来职业发展目标判定的影响程度。本研究将网络支持对工科大学生职业目标定位的影响程度设定为1～4级。个别题目通过归一化处理后数据取值也归为1～4级。

（3）职业通道设计。职业通道设计主要用于测量工科大学生在不同社会网络中获得的信息、物质、情感支持对其实现未来职业目标的行动方案设计的影响及程度。本研究将社会网络支持工科大学生实现未来职业目标的行动方案设计的影响程度设定为1～4级。个别题目通过归一化处理后数据取值也归为1～4级。

6）控制变量的选择与测量

控制变量是指把多因素的问题变成多个单因素的问题。每一次只改变其中的某一个因素,而控制其余几个因素不变,从而研究被改变的这个因素对事物的影响,分别加以研究,最后再综合解决问题的方法。

在常规的控制变量研究中,例如人口统计变量(包括性别、年龄)、人力资本变量(受教育程度、学历、所处学业阶段)以及社会资本变量(社会阶层、家庭来源、父母受教育程度、父母职业岗位)等上述控制变量,对于个体的职业生涯规划存在影响。

在本研究中,运用上述每一类控制变量,测量了这些变量与工科大学生社会网络关系,揭示工科大学生社会网络个性特征和差异性。这是本研究进一步分析社会网络与职业生涯规划之间内在逻辑的基础。因此,本研究中将上述相关度较高的部分变量列为本研究的控制变量,采用方差分析法检验影响不同类别的工科大学生社会网络特征是否有显著性差异。

5.1.2　数据来源与样本描述

本研究的调查对象为高等学校工科类专业的大学生,样本选择来自上海市五所高等工科院校,问卷调查样本包括工科类大学生 1650 人,范围涉及 9 个主要工科专业和方向。

为保证调查的数量和质量,本次调查采取了调查人员与受访者面对面的调研方式。根据问卷设计的要求,在问卷中所 涉及的被调查者的社会网络的基本情况,具有一定程度的私密性,并且在某些问题中,如排序题等,为防止受访者因理解问题偏差而导致数据无效的情况,因此在调查过程中需要调查人员对受访者进行解释说明。为此,调查过程中需要调查人员与受访者。由于调查的样本数量较大,且分布在 5 所不同类型和层次的高校,因此研究者在开展调查前,对参与调查的人员进行了培训,使他们了解调查的背景、问卷的目的、内容、填写注意事项,以及调查过程中具体的操作方法。

本研究调研数据收集过程主要是通过现场调查完成的。首先根据问卷调查设计,选择调查对象时考虑了不同类型和层次高校的差异性,筛选了 5 所工科大学。在调查现场,为了确保样本选择的可靠性,依据所选工科大学相关专业的大一到大四学生总数的 25%,作为调查样本。在调查过程中,由调查者发放问卷,并且对问卷的目的、内容以及填写注意事项进行了详细解释说明,尤其是其中的排序题,采取了举例说明的方式进行了现场指导,然后由受访者现场填写问卷,并保证受访者有足够的填写时间填写问卷。在问卷填写过程中受访者如果有不清楚的问题可直接与调查者进行沟通,并由调查者针对相关问题随时做出相应解释。

对于已经毕业的工科大学生调查,鉴于这类工科大学生已经离开学校,难以统一进行问卷调查。于是研究者联络了各高校校友会,利用校友会组织的校友返校日活动,对已毕业工科大学生进行集中现场调研。对已毕业工科大学生调查样本选择,依据校友会提供名单,采取了随机抽样的方式。调查人员首先与负责接待校友的老师进行联系,说明调研的目的和情况,然后在校友集中活动的时间和区域,在对受访者说明了问卷调查的目的、内容以及填写注意事项后,由受访者填写调研问卷,调查人员根据调查过程中出现的相关问题作出解释。

调查人员与受访者面对面的现场调研,在很大程度上保证了问卷调查的顺利进行,以及所获取数据的真实有效。整个问卷调查的过程从 2016 年 9 月到 2016 年 11 月底。共发放问卷 1650 份,由于调查人员进行现场问卷调查,问卷的回收率较高,回收问卷 1630 份,回收率为 98.78%。剔除部分填写残缺较多的问卷后,最后,有效问卷 1620 份,有效回收率为 98.2%。

调查对象的特征分布情况如表 5-1 所示。

表 5-1　调查对象的分布特征

项目	选项	频次	百分比(%)	累计百分比(%)
性别	男	1117	69.0	69.0
	女	503	31.0	100.0
生源地	大城市(省会城市及以上)	576	35.6	35.6
	中型城市(地市级城市)	400	24.7	60.3
	小城镇(县及镇)	363	22.4	82.7
	农村	281	17.3	100.0

（续表）

项目	选项	频次	百分比（%）	累计百分比（%）
学业发展阶段	大学一年级	434	26.8	26.8
	大学二年级	336	20.7	47.5
	大学三年级	323	19.9	67.5
	大学四年级	292	18.0	85.5
	大学毕业一年	130	8.0	93.5
	大学毕业二年及以上	105	6.5	100.0
所学专业	机械类	348	21.5	21.6
	电子信息类	328	20.2	41.9
	材料类	183	11.3	53.2
	化工及制药类	214	13.2	66.4
	交通运输	131	8.1	74.5
	建筑及土木工程	34	2.1	76.6
	环境工程	73	4.5	81.1
	轻工纺织食品类	93	5.7	86.7
	其他工科专业	216	13.3	100.0
家庭成员结构	独生子女家庭	930	57.4	57.4
	多子女家庭	690	42.6	100.0

注:资料为作者整理所得

5.1.3　数据分析方法

　　根据研究设计,社会网络视域下工科大学生职业生涯规划研究主要探讨工科大学生在不同的网络关系结构中,该网络的特征与网络支持以及工科大学生职业生涯规划的行为之间的关系。在回收问卷后对有效问卷进行了整理,同时将数据输入到统计软件中,以方便计算建立起网络的特征与网络支持以及工科大学生职业生涯规划的行为之间的联系。在数据分析中,主要采用了描述性统计、方差分析、相关性分析，以及构建结构方程模型等方法。分析过程中所采用的软件为 SPSS 17.0 和 AMOS 5.0。

5.2   测量量表的信度检验

5.2.1   量表的信度

信度(reliability)即可靠性，指调查问卷的可信程度。量表的信度就是指量表的可靠性和稳定性，主要表现检验结果的一贯性、一致性、再现性和稳定性。信度是评价数据质量的重要指标。

信度指标多以相关系数表示，大致可分为三类：稳定系数(跨时间的一致性)，等值系数(跨形式的一致性)和内在一致性系数(跨项目的一致性)。信度分析的方法主要有以下四种：重测信度法、复本信度法、折半信度法、α信度系数法。其中 Cronbach 所创的 α 信度系数是目前实证研究中最常用的信度系数 α 系数评价的是量表中各题项得分间的一致性，属于内在一致性系数。这种方法适用于态度、意见式问卷(量表)的信度分析。关于 α 系数的取值，一般认为 α 系数值介于 0～1。总量表的信度系数在 0.7～0.8，表示数据可以接受；分量表的信度系数最好在 0.7 以上，0.6～0.7 表示还可以接受。在测量指标中的项目数小于 6 个时，α 系数大于 0.6，表明数据可以接受，在探索性研究中，α 系数值可以小于 0.7，但应大于 0.5，如果在 0.5 以下就需要重新修改结构，剔除掉无关的变量[①]。

5.2.2   量表的信度分析

根据实证研究的需要，将调查问卷中相关题目的数据录入 SPSS17.0 后，利用软件计算了各个潜变量与指标内部一致性系数，计算的结果表明，大部分潜变量的内部一致性系数在 0.6～0.7，最终的内在一致性系数如表 5 - 2 所示。

---

① 吴明隆. SPSS 统计应用实务：问卷分析与应用统计[M].北京：科学出版社，2003：109.

表 5 - 2　各潜变量的内部一致性系数

变量名称	观测题目数	α 系数
网络异质性	4	0.74
网络密度	3	0.69
网络关系强度	3	0.61
信息支持	5	0.61
物质支持	3	0.60
情感支持	4	0.63
职业选择	5	0.60
职业目标定位	5	0.71
职业通道设计	8	0.70

5.3　研究假设的检验

5.3.1　统计描述

在利用统计数据进行研究的假设验证前,先要对数据进行进一步的数据挖掘和处理。这是由于每一个变量并非通过问卷中的一道题目就可以测定的,对于原始数据需要进一步处理,同时由于不同评价指标往往具有不同的量纲和量纲单位,这样的情况会影响到数据分析的结果,为了消除指标之间的量纲影响,需要进行数据标准化处理,以解决数据指标之间的可比性。原始数据经过数据标准化处理后,各指标处于同一数量级,适合进行综合对比评价。对研究数据进行数据标准化处理是数据挖掘的一项基础工作,通常采用归一化的方式来实现。本研究所采用的归一化处理方法为:

即采用阈值法进行归一化处理,对原始数据进行线性变换,使结果值映射到 [0,1] 之间。假定变量的确定由多个问题组成,如 A、B、$C\cdots$,则问题赋值之和为 $\Sigma = A + B + C\cdots$,设定 $Y =$(实际的选项赋值之和－选项的最大赋值之和)/(选项的最大赋值之和－选项的最小赋值之和),转换函数如下:

$$Y = \frac{\sum X_i - \sum \min X_i}{\sum \max X_i - \sum \min X_i} \qquad (5-1)$$

其中$\sum \max X_i$为样本数据选项最大赋值之和,$\sum \min X_i$为样本数据选项最小赋值之和,$\sum X_i$为样本数据实际的选项赋值之和。

在对数据进行归一化处理后,首先通过各变量的 Pearson 相关系数矩阵,初步分析各变量之间的关系。工科大学生所处的网络主要有亲缘网络、学缘网络和业缘网络。不同的网络状态下,各研究变量呈现不同的相关性。

1) 亲缘网络的描述

亲缘网络状态下研究变量的 Pearson 相关系数矩阵。具体结果如表 5-3。

表 5-3   亲缘网络状态下研究变量的 Pearson 相关系数矩阵

	1	2	3	4	5	6	7	8	9
1.网络规模									
2.网络异质性	−0.025								
3.网络密度	−0.055*	0.015							
4.关系强度	−0.131**	−0.035	−0.004						
5.信息支持	−0.099**	−0.064**	−0.009	0.862**					
6.物资支持	−0.067**	0.025	−0.039	0.676**	0.491**				
7.情感支持	−0.030	−0.035	0.064*	0.687**	0.528**	0.464**			
8.职业选择	−0.020	0.015	−0.020	0.076**	0.026	0.051*	0.023		
9.职业目标定位	−0.011	0.033	0.018	−0.007	−0.029	0.016	0.015	0.278**	
10.职业通道设计	−0.028	0.008	−0.005	0.225**	0.148**	0.200**	0.170**	0.323**	0.600**

注:** 表示 $p<0.01$(双尾), * 表示 $p<0.05$(双尾)

从表 5-3 中可以看出工科大学生职业生涯规划的行为之间存在着以下的相关关系:①亲缘网络的规模与所获得的信息支持、物质支持之间存在着显著的相关关系;② 亲缘网络的异质性与所获得的信息支持之间存在着显著的相关关系;③ 亲缘网络的密度与情感支持之间存在显著相关关系;④ 亲缘网络的关系强度与所获得的信息支持、物质支持、情感支持与职业选择和职业通道设计之间存在着显著相关关系；⑤ 在亲缘网络中，获得的信息支持与职业选择和职业通道设计存在着显著的相关关系；⑥ 在亲缘网络中，获得的物质支持与职业选择和职业通道设计存在着显著的相关关系；⑦ 在亲缘网络中，获得的情感支持与职业通道设计之间存在着显著的相关关系。

表 5-3 呈现了各变量两两之间的相关系数，但还没有考虑其他变量对它们之间相关性的影响，因此，还需要进一步检验研究假设。为了了解不同类别的工科大学生社会网络特征的差异性，需要按照工科大学生的专业、生源地、不同的学业事业阶段、家庭结构、父母受教育的水平等因素的分类标准，把样本分成不同的组别，采用方差分析的方式进行不同类别的差异性分析。在分组类别大于两类的，采用 Scheffe 多重比较的方法，同时检验不同组别之间的差异。

（1）不同年级的工科大学生其网络结构的差异性，如表 5-4、表 5-5 所示，亲缘网络条件下大学一年级的学生的亲缘网络规模明显大于其他及各年级的学生；从网络异质性来看，不同年级的大学生的网络异质性有差异性，大一的学生的网络异质性最高；亲缘网络密度方面，大学各年级以及毕业 1~2 年的工科大学生之间的没有显著的差异；从关系强度来看，毕业 2 年及以上的工科大学生的网络关系强度强于大学一年级的工科大学生。

表 5-4　不同年级的工科大学生和亲缘网络结构的方差分析

		平方和	df	均方	F	显著性
网络规模	组间	59.271	5	11.854	7.022	0.000**
	组内	2716.311	1609	1.688		
网络异质性	组间	1.679	5	0.336	4.746	0.000**
	组内	114.083	1612	0.071		
网络密度	组间	0.106	5	0.021	0.493	0.782
	组内	58.928	1370	0.043		
关系强度	组间	1.247	5	0.249	6.515	0.000**
	组内	61.147	1597	0.038		

注：** 表示 $p < 0.01$

表 5 - 5   不同年级的工科大学生和亲缘网络结构的多重比较分析

	大学一年级	大学二年级	大学三年级	大学四年级	大学毕业一年	大学毕业二年及以上	Scheffe 比较
网络规模	4.08	3.59	3.78	3.64	3.65	3.76	$1-2^*,1-4^*$
	(1.27)	(1.26)	(1.29)	(1.33)	(1.33)	(1.41)	
网络异质性	0.73	0.85	0.85	0.84	0.86	0.83	$1-2^*,1-3^*,1-4^*$
	(0.44)	(0.36)	(0.36)	(0.37)	(0.35)	(0.38)	
网络密度	0.53	0.55	0.54	0.55(0.24)	0.52(0.19)	0.54(0.20)	NS
	(0.21)	(0.19)	(0.19)				
关系强度	0.39	0.46	0.43	0.46	0.44	0.47	$1-2^*,1-4^*,1-6^*$
	(0.18)	(0.20)	(0.18)	(0.21)	(0.17)	(0.22)	

注:括号里的数据是标准差,NS 表示不显著,* 表示 $p < 0.05$

(2) 不同生源地的工科大学生的网络特征的差异性。如表 5 - 6、表 5 - 7 所示,亲缘网络规模和网络的密度对于所有生源地的工科大学生而言无显著差异性;来自大城市(省会城市及以上)的工科大学生其网络的异质性与来自农村的工科大学生的异质性有明显差异;来自中型城市(地市级城市)的工科大学生其关系强度与来自农村的工科大学生的关系强度有明显差异性。

表 5 - 6   不同生源地的工科大学生和亲缘网络结构的方差分析

		平方和	df	均方	F	显著性
网络规模	组间	4.559	3	1.520	0.883	0.449
	组内	2771.022	1611	1.720		
网络异质性	组间	18.928	3	6.309	105.163	0.000^{**}
	组内	96.834	1614	0.060		
网络密度	组间	0.216	3	0.072	1.681	0.169
	组内	58.817	1372	0.043		
关系强度	组间	2.017	3	0.672	17.801	0.000^{**}
	组内	60.378	1599	0.038		

注: ** 表示 $p < 0.01$

表 5 - 7　不同生源地的工科大学生和亲缘网络结构的多重比较分析

	大城市（省会城市及以上）	中型城市（地市级城市）	小城镇（县及镇）	农村	Scheffe 比较
网络规模	3.81 (1.34)	3.70 (1.27)	3.77 (1.32)	3.86 (1.31)	NS
网络异质性	0.46 (0.02)	0.41 (0.02)	0.30 (0.02)	0.17 (0.01)	$1-2^*,1-3^*,1-4^*,$ $2-3^*,2-4^*,3-4^*$
网络密度	0.52 (0.21)	0.55 (0.19)	0.55 (0.20)	0.53 (0.23)	NS
关系强度	0.44 (0.20)	0.49 (0.18)	0.41 (0.19)	0.38 (0.19)	$1-2^*,1-4^*,$ $2-3^*,2-4^*$

注:括号里的数据是标准差,NS 表示不显著, * 表示 $p < 0.05$

（3）不同家庭结构的工科大学生的亲缘网络特征的差异性。如表 5 - 8 所示,来自独生子女家庭和多子女家庭的工科大学生其亲缘网络规模和网络的密度无显著差异性;来自独生子女家庭和多子女家庭的工科大学生其网络的异质性有显著差异性,在该网络下其关系强度有显著差异性。

表 5 - 8　不同家庭结构的工科大学生和亲缘网络结构的方差分析

	独生子女家庭	多子女家庭	显著性
网络规模	3.78 (1.35)	3.79 (1.25)	0.938
网络异质性	0.71 (0.45)	0.95 (0.22)	0.000**
网络密度	0.54 (0.21)	0.54 (0.21)	0.685
关系强度	0.44 (0.20)	0.43 (0.19)	0.047*

注:括号里的数据是标准差, * 表示 $p < 0.05$, ** 表示 $p < 0.01$

①父母不同受教育程度的工科大学生的亲缘网络特征的差异性。如表 5 - 9、表 5 - 10，从网络规模和网络密度上看，父母受教育程度不同的工科大学生的网络规模无显著差异性；从网络异质性看，父母受教育程度不同的工科大学生的网络异质性有显著差异性；从关系强度来看，父母受教育程度不同的工科大学生的关系强度有显著差异性。

表 5 - 9　父母不同受教育程度的工科大学生的亲缘网络结构的方差分析

		平方和	df	均方	F	显著性
网络规模	组间	12.313	5	2.463	1.440	0.207
	组内	2747.749	1607	1.710		
网络异质性	组间	114.318	5	22.864	25512.843	0.000 **
	组内	1.445	1612	0.001		
网络密度	组间	0.420	5	0.084	1.968	0.081
	组内	58.442	1368	0.043		
关系强度	组间	0.928	5	0.186	4.815	0.000 **
	组内	61.463	1595	0.039		

注：** 表示 $p < 0.01$

表 5 - 10　父母不同受教育程度的工科大学生的亲缘网络结构的多重比较分析

	小学	初中	高中	专科	本科	研究生	Scheffe 比较
网络规模	3.71 (1.41)	3.79 (1.36)	3.71 (1.22)	3.93 (1.27)	3.87 (1.30)	3.53 (1.48)	NS
网络异质性	1.00 (0.00)	0.80 (0.00)	0.60 (0.00)	0.40 (0.08)	0.20 (0.00)	0.00 (0.00)	1 - 2*,1 - 3*, 1 - 4*,1 - 5*, 1 - 6*,2 - 3*, 2 - 4*,2 - 5*, 2 - 6*,3 - 4*, 3 - 5*,3 - 6*, 4 - 5*,4 - 6*, 5 - 6*

（续表）

	小学	初中	高中	专科	本科	研究生	Scheffe 比较
网络密度	0.52	0.53	0.53	0.58	0.53	0.56	NS
	(0.22)	(0.20)	(0.22)	(0.20)	(0.20)	(0.23)	
关系强度	0.39	0.43	0.44	0.44	0.45	0.55	$1-6^*$,$2-6^*$,
	(0.22)	(0.20)	(0.18)	(0.19)	(0.21)	(0.17)	$3-6^*$,$4-6^*$

注:括号里的数据是标准差,NS 表示不显著,* 表示 $p < 0.05$

　　②父亲从事不同职业岗位的工科大学生的网络特征差异性。从表 5-11、表 5-12 可知,父亲从事不同职业岗位的工科大学生的亲缘网络规模和网络密度无显著性差异性;父亲从事不同职业岗位的工科大学生的亲缘网络异质性存在显著差异性,父亲从事农村务农工作的工科大学生其网络的异质性大,父亲为军人的工科大学生其亲缘网络的异质性小,而父亲的职业岗位位于政府及事业单位或企业中层的工科大学生其亲缘网络的异质性相当;父亲从事不同职业岗位的工科大学生的亲缘网络中关系强度也存在显著差异性,父亲为政府及事业单位官员(科长及以上)的工科大学生的亲缘网络关系强度系数最大,父亲为失业状态的工科大学生亲缘网络关系强度系数最小。

表 5-11　父亲从事不同职业岗位的工科大学生的亲缘网络结构的方差分析

		平方和	df	均方	F	显著性
网络规模	组间	31.646	10	3.165	1.850	0.048^*
	组内	2743.936	1604	1.711		
网络异质性	组间	32.896	10	3.290	63.795	0.000^{**}
	组内	82.866	1607	0.052		
网络密度	组间	0.258	10	0.026	0.599	0.815
	组内	58.776	1365	0.043		
关系强度	组间	3.102	10	0.310	8.329	0.000^{**}
	组内	59.292	1592	0.037		

注：* 表示 $p < 0.05$,** 表示 $p < 0.01$

表 5 - 12   父亲从事不同职业岗位的工科大学生的亲缘网络结构的多重比较分析

	网络规模	网络异质性	网络密度	关系强度
政府及事业单位官员(科长及以上)	3.44 (1.51)	0.43 (0.34)	0.51 (0.21)	0.53 (0.20)
企业中层及以上管理人员	3.63 (1.20)	0.44 (0.24)	0.55 (0.24)	0.48 (0.20)
政府及企事业单位一般管理人员	3.83 (1.30)	0.44 (0.24)	0.53 (0.19)	0.47 (0.21)
政府及企事业单位工程技术人员	3.86 (1.22)	0.44 (0.23)	0.53 (0.19)	0.46 (0.21)
政府及企事业单位普通工人	3.77 (1.31)	0.61 (0.20)	0.54 (0.20)	0.41 (0.18)
教师	3.67 (1.35)	0.38 (0.21)	0.56 (0.21)	0.49 (0.19)
医生	3.52 (1.42)	0.45 (0.24)	0.58 (0.22)	0.46 (0.21)
军人	3.17 (1.17)	0.30 (0.11)	0.47 (0.10)	0.49 (0.22)
农村务农	3.93 (1.34)	0.80 (0.16)	0.53 (0.22)	0.38 (0.18)
自谋职业劳动者	3.86 (1.28)	0.67 (0.23)	0.53 (0.20)	0.42 (0.19)
失业	3.82 (1.47)	0.69 (0.23)	0.58 (0.21)	0.36 (0.23)

（续表）

	网络规模	网络异质性	网络密度	关系强度
Scheffe 比较	NS	$1-5^*$,$1-10^*$,$1-11^*$, $2-5^*$,$2-9^*$,$2-10^*$, $2-11^*$,$3-5^*$,$3-9^*$, $3-10^*$,$3-11^*$,$4-5^*$, $4-9^*$,$4-10^*$,$4-11^*$, $5-6^*$,$5-9^*$,$6-9^*$, $6-10^*$,$6-11^*$,$7-9^*$, $7-10^*$,$8-9^*$,$9-10^*$	NS	$1-5^*$,$1-9^*$, $1-10^*$,$1-11^*$, $2-9^*$,$3-9^*$, $6-9^*$

注:括号里的数据是标准差,NS 表示不显著, * 表示 $p<0.05$

③母亲从事不同职业岗位的工科大学生的网络特征差异性。从表 5 - 13、表 5 - 14 中可以看出,母亲从事不同职业岗位的工科大学生的亲缘网络规模有显著性差异;母亲从事农村务农工作的工科大学生其网络的异质性大,母亲为军人的工科大学生其亲缘网络的异质性小;母亲从事不同职业岗位的工科大学生的亲缘网络密度无显著差异;母亲从事不同职业岗位的工科大学生的亲缘网络关系强度也存在显著差异性,母亲为政府及事业单位官员(科长及以上)的关系强度系数最大,母亲为失业状态的,关系强度系数最小。

表 5 - 13　母亲从事不同职业岗位的工科大学生的亲缘网络结构的方差分析

		平方和	df	均方	F	显著性
网络规模	组间	134.307	10	13.431	8.175	0.000^{**}
	组内	2632.044	1602	1.643		
网络异质性	组间	34.971	10	3.497	69.810	0.000^{**}
	组内	80.403	1605	0.050		
网络密度	组间	0.842	10	0.084	1.971	0.033^*
	组内	58.189	1363	0.043		

（续表）

		平方和	*df*	均方	*F*	显著性
关系强度	组间	4.895	10	0.490	13.542	0.000**
	组内	57.479	1590	0.036		

注：* 表示 $p<0.05$，** 表示 $p<0.01$

表 5-14 母亲从事不同职业岗位的工科大学生的亲缘网络结构的多重比较分析

	网络规模	网络异质性	网络密度	关系强度
政府及事业单位官员（科长及以上）	2.64 (1.47)	0.58 (0.35)	0.52 (0.20)	0.61 (0.20)
企业中层及以上管理人员	3.42 (1.14)	0.47 (0.26)	0.58 (0.18)	0.53 (0.21)
政府及企事业单位一般管理人员	3.79 (1.34)	0.35 (0.21)	0.50 (0.28)	0.46 (0.20)
政府及企事业单位工程技术人员	3.64 (1.40)	0.40 (0.29)	0.52 (0.20)	0.47 (0.17)
政府及企事业单位普通工人	3.83 (1.30)	0.56 (0.24)	0.53 (0.19)	0.42 (0.20)
教师	3.93 (1.26)	0.35 (0.19)	0.54 (0.19)	0.46 (0.19)
医生	3.62 (1.42)	0.39 (0.20)	0.60 (0.18)	0.46 (0.20)
军人	3.33 (1.53)	0.33 (0.23)	0.28 (0.24)	0.56 (0.23)
农村务农	3.99 (1.24)	0.80 (0.17)	0.53 (0.21)	0.39 (0.18)
自谋职业劳动者	3.90 (1.29)	0.65 (0.21)	0.54 (0.20)	0.41 (0.18)
失业	3.94 (1.24)	0.65 (0.22)	0.56 (0.22)	0.38 (0.19)

（续表）

	网络规模	网络异质性	网络密度	关系强度
Scheffe 比较	$1-3^*$,$1-4^*$, $1-5^*$,$1-6^*$, $1-9^*$,$1-10^*$, $1-11^*$,$2-10^*$, $2-9^*$	$1-3^*$,$1-4^*$,$1-6^*$, $1-9^*$,$2-3^*$,$2-6^*$, $2-9^*$,$2-10^*$,$2-11^*$, $3-5^*$,$3-9^*$,$3-10^*$, $3-11^*$,$4-5^*$,$4-9^*$, $4-10^*$,$4-11^*$,$5-6^*$, $5-9^*$,$5-10^*$,$6-9^*$, $6-10^*$,$6-11^*$,$7-9^*$, $7-10^*$,$7-11^*$,$9-10^*$, $9-11^*$	NS	$1-3^*$,$1-5^*$, $1-6^*$,$1-9^*$, $1-10^*$,$1-11^*$, $2-5^*$,$2-9^*$, $2-10^*$,$2-11^*$

注:括号里的数据是标准差,NS 表示不显著,* 表示 $p<0.05$

2）学缘网络的描述

学缘网络状态下研究变量的 Pearson 相关系数矩阵。具体结果如表 5-15所示。

表 5-15　学缘网络状态下研究变量的 Pearson 相关系数矩阵

	1	2	3	4	5	6	7	8	9
1.网络规模 2									
2.网络异质性 2	0.027								
3.网络密度 2	-0.155^{**}	-0.167^{**}							
4.关系强度 2	-0.101^{**}	-0.033	0.764^{**}						
5.信息支持 2	-0.082^{**}	-0.044	0.671^{**}	0.899^{**}					
6.物质支持 2	-0.076^{**}	0.074^{**}	0.569^{**}	0.652^{**}	0.472^{**}				
7.情感支持 2	-0.076^{**}	-0.038	0.489^{**}	0.768^{**}	0.477^{**}	0.470^{**}			
8.职业选择	0.008	-0.037	0.082^{**}	0.093^{**}	0.092^{**}	0.049	0.064^*		
9.职业目标定位	0.000	0.014	-0.010	0.047	0.066^*	-0.003	0.033	0.278^{**}	

（续表）

	1	2	3	4	5	6	7	8	9
10.职业通道设计	−0.008	0.053*	0.221**	0.332**	0.288**	0.310**	0.292**	0.323**	0.600**

注：** 表示 $p<0.01$（双尾），* 表示 $p<0.05$（双尾）

从表 5-15 中可以看出：① 学缘网络的规模与所获得的信息支持、物质支持和情感支持之间存在着显著的相关关系；② 学缘网络的异质性与物质支持和职业通道设计之间存在着显著的相关关系；③ 学缘网络密度与所获得的信息支持、物资支持、情感支持、职业选择和职业通道设计之间存在着显著的相关关系；④学缘网络关系强度与所获得的信息支持、物资支持、情感支持、职业选择和职业通道设计之间存在着显著的相关关系；⑤ 在学缘网络中，获得的信息支持与职业选择、职业目标定位、职业通道设计之间存在着显著的相关关系；⑥ 在学缘网络中，获得物质支持与职业通道设计之间存在着显著的相关关系；⑦ 在学缘网络中，获得的情感支持与职业选择、职业通道设计之间存在着显著的相关关系。

表 5-15 直观地呈现了各变量两两之间的相关系数，但还没有考虑其他变量对它们之间相关性的影响，因此，还需要进一步分析检验研究假设。为了了解不同类别的工科大学生社会网络特征的差异性，需要按照工科大学生的专业、生源地、不同的学业事业阶段、家庭结构、父母受教育的水平等因素的分类标准，把样本分成不同的组别，采用方差分析的方式进行不同类别的差异性分析。在分组类别大于两类的，采用 Scheffe 多重比较的方法，同时检验不同组别之间的差异。

（1）不同性别的工科大学生的学缘网络结构的差异性。如表 5-16 所示，不同性别的工科大学生的学缘网络结构也有一定程度的差异性。从网络规模上看，不同性别的工科大学生的网络规模无明显差异；从网络的异质性看，不同性别的工科大学生的网络异质性有显著差异性；从网络密度和关系强度上看，不同性别的工科大学生的网络规模无显著性差异。

表 5 - 16　不同性别的工科大学生的学缘网络结构的方差分析

	男	女	显著性
网络规模 2	0.83 (0.23)	0.85 (0.21)	0.061
网络异质性 2	0.62 (0.32)	0.67 (0.30)	0.001**
网络密度 2	0.51 (0.20)	0.50 (0.21)	0.152
关系强度 2	0.57 (0.16)	0.57 (0.16)	0.326

注:括号里的数据是标准差,** 表示 $p < 0.01$(双尾)

(2)不同专业的工科大学生的学缘网络结构的差异性,如表 5 - 17、表 5 - 18所示,在网络规模上不同专业的学生的学缘网络规模无显著性差异;网络的异质性方面,不同专业学生的网络异质性有显著的差异性,建筑及土木工程专业学生的网络异质性指数最低。网络的密度方面,不同专业的学生的网络密度有显著的差异,建筑及土木工程专业学生的网络异质性指数最大;从关系强度来看,不同专业的学生的关系强度存在显著差异性,建筑及土木工程专业学生的网络关系强度指数最大,化工及制药类专业学生的网络关系强度指数最小。

表 5 - 17　不同专业的工科大学生的学缘网络结构的方差分析

		平方和	df	均方	F	显著性
网络规模 2	组间	0.330	8	0.041	0.815	0.589
	组内	81.055	1603	0.051		
网络异质性 2	组间	16.456	8	2.057	23.204	0.000**
	组内	142.193	1604	0.089		
网络密度 2	组间	2.951	8	0.369	9.121	0.000**
	组内	64.429	1593	0.040		

（续表）

		平方和	*df*	均方	*F*	显著性
关系强度 2	组间	1.008	8	0.126	4.978	0.000**
	组内	39.801	1573	0.025		

注：** 表示 $p < 0.01$

表 5-18　不同专业的工科大学生的学缘网络结构的多重比较分析

	网络规模 2	网络异质性 2	网络密度 2	关系强度 2
机械类	0.83 (0.22)	0.57 (0.33)	0.52 (0.21)	0.57 (0.17)
电子信息类	0.84 (0.21)	0.55 (0.29)	0.55 (0.20)	0.59 (0.16)
材料类	0.84 (0.23)	0.66 (0.30)	0.49 (0.20)	0.56 (0.15)
化工及制药类	0.86 (0.23)	0.66 (0.27)	0.45 (0.20)	0.53 (0.17)
交通运输	0.83 (0.22)	0.60 (0.31)	0.54 (0.19)	0.61 (0.15)
建筑及土木工程	0.79 (0.27)	0.44 (0.29)	0.65 (0.19)	0.67 (0.12)
环境工程	0.80 (0.26)	0.57 (0.33)	0.52 (0.21)	0.56 (0.16)
轻工纺织食品类	0.84 (0.25)	0.76 (0.31)	0.45 (0.19)	0.55 (0.13)
其他工科专业	0.85 (0.21)	0.84 (0.25)	0.46 (0.20)	0.57 (0.16)

（续表）

	网络规模 2	网络异质性 2	网络密度 2	关系强度 2
Scheffe 比较	NS	$1-8^*,1-9^*$, $2-3^*,2-4^*$, $2-8^*,2-9^*$, $3-6^*,3-9^*$, $4-6^*,4-9^*$, $5-8^*,5-9^*$, $6-8^*,6-9^*$, $7-8^*,7-9^*$	$2-4^*,2-8^*$, $2-9^*,3-6^*$, $4-6^*,6-8^*$, $6-9^*$	$4-5^*$, $4-6^*$

注:括号里的数据是标准差,NS 表示不显著, $*$ 表示 $p < 0.05$

（3）不同年级的工科大学生的学缘网络结构的差异性,如表 5 - 19、表 5 - 20 所示,各年级学生的网络规模无明显差异性;网络的异质性方面发现学各年级以及毕业 1～2 年的工科大学生之间都有显著性差异;网络的密度方面,大学高年级学生与低年级学生之间存在显著差异;从关系强度来看,各个年级工科大学生的网络关系强度无明显差异。

表 5‑19　不同年级工科大学生的学缘网络结构的方差分析

		平方和	df	均方	F	显著性
网络规模 2	组间	0.103	5	0.021	0.406	0.845
	组内	81.428	1613	0.050		
网络异质性 2	组间	159.064	5	31.813	1.978E31	0.000^{**}
	组内	0.000	1614	0.000		
网络密度 2	组间	3.325	5	0.665	16.503	0.000^{**}
	组内	64.559	1602	0.040		
关系强度 2	组间	0.300	5	0.060	2.318	0.041^*
	组内	40.970	1582	0.026		

注: $**$ 表示 $p < 0.01$（双尾）, $*$ 表示 $p < 0.05$（双尾）

表 5 - 20　不同年级工科大学生的学缘网络结构的多重比较分析

	网络规模 2	网络异质性 2	网络密度 2	关系强度 2
大学一年级	0.85	1.00	0.44	0.57
	(0.20)	(0.00)	(0.20)	(0.15)
大学二年级	0.84	0.80	0.54	0.59
	(0.24)	(0.00)	(0.21)	(0.17)
大学三年级	0.84	0.60	0.49	0.55
	(0.23)	(0.00)	(0.18)	(0.15)
大学四年级	0.83	0.40	0.55	0.57
	(0.23)	(0.00)	(0.21)	(0.17)
大学毕业一年	0.84	0.20	0.54	0.59
	(0.23)	(0.00)	(0.18)	(0.14)
大学毕业 二年及以上	0.83	0.00	0.55	0.59
	(0.24)	(0.00)	(0.22)	(0.18)
Scheffe 比较	NS	$1 - 2^*,1 - 3^*,$ $1 - 4^*,1 - 5^*,$ $1 - 6^*,2 - 3^*,$ $2 - 4^*,2 - 5^*,$ $2 - 6^*,3 - 4^*,$ $3 - 5^*,3 - 6^*,$ $4 - 5^*,4 - 6^*,$ $5 - 6^*$	$1 - 2^*,1 - 3^*,$ $1 - 4^*,1 - 5^*,$ $1 - 6^*,3 - 4^*$	NS

注:括号里的数据是标准差,NS 表示不显著,＊表示 $p < 0.05$

（4）不同生源地工科大学生的网络特征的差异性。如表 5 - 21、表 5 - 22 所示,学缘网络规模对于所有生源地工科大学生而言无显著差异性;来自中型城市(地市级城市)的工科大学生其网络的异质性与来自农村的工科大学生的异质性不同,同样,来自中型城市(地市级城市)的工科大学生其网络的密度要明显强于来自农村的工科大学生;来自中型城市(地市级城市)的工科大学生其关系强度与来自农村的工科大学生的关系强度有明显差异。

表 5‑21　不同生源地工科大学生的学缘网络结构的方差分析

		平方和	df	均方	F	显著性
网络规模 2	组间	0.285	3	0.095	1.889	0.129
	组内	81.246	1615	0.050		
网络异质性 2	组间	1.774	3	0.591	6.075	0.000**
	组内	157.291	1616	0.097		
网络密度 2	组间	0.759	3	0.253	6.045	0.000**
	组内	67.125	1604	0.042		
关系强度 2	组间	0.524	3	0.175	6.788	0.000**
	组内	40.747	1584	0.026		

注：** 表示 $p < 0.01$（双尾）

表 5‑22　不同生源地工科大学生的学缘网络结构的多重比较分析

	大城市（省会城市及以上）	中型城市（地市级城市）	小城镇（县及镇）	农村	Scheffe 比较
网络规模 2	0.84 (0.22)	0.82 (0.23)	0.84 (0.22)	0.86 (0.24)	NS
网络异质性 2	0.62 (0.35)	0.67 (0.27)	0.66 (0.30)	0.58 (0.29)	2‑4,3‑4*
网络密度 2	0.51 (0.22)	0.54 (0.20)	0.48 (0.19)	0.48 (0.20)	2‑3,2‑4*
关系强度 2	0.57 (0.17)	0.60 (0.15)	0.57 (0.15)	0.54 (0.16)	2‑4*

注：括号里的数据是标准差，NS 表示不显著，* 表示 $p < 0.05$

3）业缘网络的描述

业缘网络状态下研究变量的 Pearson 相关系数矩阵。具体结果如表 5‑23所示。

表 5 - 23   业缘网络状态下研究变量的 Pearson 相关系数矩阵

	1	2	3	4	5	6	7	8	9
1.网络规模 3									
2.网络异质性 3	−0.143**								
3.网络密度 3	−0.068**	0.406**							
4.关系强度 3	−0.066**	0.672**	0.778**						
5.信息支持 3	−0.057*	0.667**	0.322**	0.679**					
6.物质支持 3	−0.113**	0.584**	0.585**	0.633**	0.500**				
7.情感支持 3	−0.079**	0.735**	0.823**	0.930**	0.665**	0.643**			
8.职业选择	−0.057*	0.081*	0.014	0.039	0.047	0.069**	0.039		
9.职业目标定位	−0.054*	−0.013	0.053*	0.010	0.013	0.027	0.022	0.278**	
10.职业通道设计	−0.042	0.200**	0.260**	0.270**	0.231**	0.340**	0.259**	0.323**	0.600**

注:** 表示 $p < 0.01$(双尾), * 表示 $p < 0.05$(双尾)

从表 5 - 23 中可以看出,① 业缘网络规模与所获得的信息支持、物质支持、情感支持、职业选择、职业目标定位之间存在着显著的相关关系;② 业缘网络异质性与所获得的信息支持、物质支持、情感支持、职业选择和职业通道设计之间存在着显著的相关关系;③业缘网络密度与所获得的信息支持、物资支持、情感支持、职业目标定位和职业通道设计之间存在着显著的相关关系;④ 业缘网络关系强度与所获得的信息支持、物资支持、情感支持、职业通道设计之间存在着显著的相关关系;⑤ 在业缘网络中,获得的信息支持与职业通道设计之间存在着显著的相关关系;⑥ 在业缘网络中,获得的物质支持与职业选择和职业通道设计之间存在着显著的相关关系;⑦ 在亲缘网络中,获得的情感支持与职业通道设计之间存在着显著的相关关系。

上述表格直观地呈现了各变量两两之间的相关系数,但还没有考虑其他变量对它们之间相关性的影响,因此,还需要进一步检验研究假设。为了了解不同类别的工科大学生社会网络特征的差异性,需要按照工科大学生的专业、生源地、不同的学业事业阶段、家庭结构、父母受教育的水平等因素的分类标准,把样本分成不同的组别,采用方差分析的方式进行不同类别的差异性分析。在分组类别大于两类的,采用 Scheffe 多重比较的方法,同时检验不同组别之间的差异。

（1）在业缘网络中,不同专业的工科大学生其网络结构的差异性,如表 5-24、表 5-25 所示,电子信息专业与其他工科的工科大学生的网络规模有显著差异;网络异质性方面,不同专业的工科大学生的网络异质性都有较大差异性,尤其建筑及土木工程专业的学生的网络异质性明显高于其他专业的工科大学生网络的异质性;网络的密度方面,不同专业的工科大学生之间的没有显著的差异。从关系强度来看,不同专业的工科大学生的网络关系强度也无显著差异。

表 5-24　不同专业工科大学生的业缘网络结构的方差分析

		平方和	df	均方	F	显著性
网络规模 3	组间	3.997	8	0.500	4.234	0.000**
	组内	189.297	1604	0.118		
网络异质性 3	组间	3.232	8	0.404	9.288	0.000**
	组内	69.241	1592	0.043		
网络密度 3	组间	1.308	8	0.163	2.398	0.014*
	组内	108.856	1597	0.068		
关系强度 3	组间	0.688	8	0.086	2.134	0.030*
	组内	64.163	1591	0.040		

注:** 表示 $p<0.01$（双尾）, * 表示 $p<0.05$（双尾）

表 5-25　不同专业工科大学生的业缘网络结构的方差分析

	网络规模 3	网络异质性 3	网络密度 3	关系强度 3
机械类	0.68	0.51	0.51	0.52
	(0.37)	(0.21)	(0.29)	(0.22)
电子信息类	0.61	0.56	0.53	0.54
	(0.36)	(0.21)	(0.25)	(0.19)

（续表）

	网络规模 3	网络异质性 3	网络密度 3	关系强度 3
材料类	0.70	0.48	0.48	0.50
	(0.31)	(0.21)	(0.25)	(0.18)
化工及制药类	0.71	0.45	0.48	0.49
	(0.34)	(0.20)	(0.25)	(0.19)
交通运输	0.59	0.49	0.48	0.50
	(0.38)	(0.23)	(0.25)	(0.21)
建筑及土木工程	0.65	0.65	0.53	0.57
	(0.32)	(0.20)	(0.27)	(0.19)
环境工程	0.63	0.50	0.55	0.56
	(0.33)	(0.19)	(0.28)	(0.19)
轻工纺织食品类	0.72	0.46	0.44	0.50
	(0.31)	(0.22)	(0.25)	(0.20)
其他工科专业	0.74	0.45	0.47	0.50
	(0.31)	(0.21)	(0.26)	(0.20)
Scheffe 比较	2－9*	2－3*,2－4*, 2－8*,2－9*, 3－6*,4－6*, 5－6*,6－8*, 6－9*	NS	NS

注：括号里的数据是标准差，NS 表示不显著，* 表示 $p < 0.05$

（2）在业缘网络中，不同年级的工科大学生其网络结构的差异性，如表 5－26、表 5－27 所示，大学一年级的学生的网络规模明显大于其他及各年级的学生；网络的异质性方面发现毕业 1～2 年的学生的网络异质性与其他各年级的学生比较有显著性差异，尤其是与大学一年级的学生相比较；网络的密度方面，不同年级的工科大学生之间没有显著的差异；从关系强度来看，不同年级的工科大学生的网络关系强度也无显著差异。

表 5 - 26　不同年级的工科大学生的业缘网络结构的方差分析

		平方和	df	均方	F	显著性
网络规模 3	组间	5.016	5	1.003	8.575	0.000**
	组内	188.823	1614	0.117		
网络异质性 3	组间	2.652	5	0.530	12.114	0.000**
	组内	70.098	1601	0.044		
网络密度 3	组间	0.787	5	0.157	2.299	0.043*
	组内	109.985	1606	0.068		
关系强度 3	组间	0.250	5	0.050	1.234	0.291
	组内	64.724	1600	0.040		

注：** 表示 $p<0.01$（双尾），* 表示 $p<0.05$（双尾）

表 5 - 27　不同年级的工科大学生的业缘网络结构多重比较分析

	网络规模 2	网络异质性 2	网络密度 2	关系强度 2
大学一年级	0.75 (0.29)	0.44 (0.21)	0.46 (0.26)	0.50 (0.20)
大学二年级	0.65 (0.34)	0.52 (0.23)	0.52 (0.27)	0.52 (0.20)
大学三年级	0.69 (0.34)	0.48 (0.19)	0.50 (0.26)	0.51 (0.19)
大学四年级	0.65 (0.39)	0.54 (0.20)	0.52 (0.27)	0.53 (0.21)
大学毕业一年	0.59 (0.34)	0.53 (0.18)	0.51 (0.23)	0.52 (0.17)
大学毕业二年及以上	0.57 (0.38)	0.56 (0.21)	0.50 (0.25)	0.52 (0.22)
Scheffe 比较	1-2*,1-4*, 1-5*,1-6*	1-2*,1-4*, 1-5*,1-6*, 3-6*	NS	NS

注：括号里的数据是标准差，NS 表示不显著，* 表示 $p<0.05$

（3）不同生源地的工科大学生的网络特征的差异性。如表 5 - 28、表 5 - 29所示,业缘网络规模对于所有生源地的工科大学生而言无显著差异性;来自中型城市(地市级城市)和小城镇(县及镇)以及农村的工科大学生其网络异质性有显著性差异;来自中型城市(地市级城市)与小城镇(县及镇)的工科大学生其网络密度有显著性差异,小城镇(县及镇)以及农村的工科大学生其网络异质性无明显差异;来自中型城市(地市级城市)的工科大学生其关系强度与来自农村的工科大学生的关系强度有明显差异。

表 5 - 28　不同生源地工科大学生的业缘网络结构的方差分析

		平方和	df	均方	F	显著性
网络规模 3	组间	0.606	3	0.202	1.689	0.167
	组内	193.233	1616	0.120		
网络异质性 3	组间	0.826	3	0.275	6.133	0.000**
	组内	71.924	1603	0.045		
网络密度 3	组间	0.688	3	0.229	3.348	0.018*
	组内	110.085	1608	0.068		
关系强度 3	组间	0.493	3	0.164	4.080	0.007**
	组内	64.481	1602	0.040		

注: ** 表示 $p < 0.01$(双尾), * 表示 $p < 0.05$(双尾)

表 5 - 29　不同生源地工科大学生的业缘网络结构的多重比较分析

	大城市(省会城市及以上)	中型城市(地市级城市)	小城镇(县及镇)	农村	Scheffe 比较
网络规模 3	0.66 (0.37)	0.65 (0.31)	0.69 (0.35)	0.70 (0.33)	NS
网络异质性 3	0.50 (0.22)	0.53 (0.22)	0.47 (0.20)	0.48 (0.20)	2 - 3*, 2 - 4*
网络密度 3	0.50 (0.26)	0.53 (0.27)	0.47 (0.25)	0.49 (0.27)	2 - 3*

（续表）

	大城市（省会城市及以上）	中型城市（地市级城市）	小城镇（县及镇）	农村	Scheffe 比较
关系强度 3	0.52 (0.21)	0.53 (0.19)	0.50 (0.20)	0.49 (0.20)	2 - 4*

注:括号里的数据是标准差,NS 表示不显著, * 表示 $p < 0.05$

5.3.2　结构方程模型与假设检验

结构方程模型（Structural Equation Modeling，SEM）是社会科学研究中一个常用的方法。该方法用于处理多个原因、多个结果的关系,或者当碰到不可直接观测的变量（即潜变量）,而传统的统计方法不能很好解决问题时所使用的一种方法。在实际研究中很多时候是为了解释现象之间的关系,而不是预测现象,从而结构方程模型能很好满足分析研究的需要,它是一种建立、估计和检验因果关系模型的方法。模型中既包含有可观测的显在变量,也可能包含无法直接观测的潜在变量。结构方程模型可以替代多重回归、通径分析、因子分析、协方差分析等方法,清晰分析单项指标对总体的作用和单项指标间的相互关系。运用结构方程模型可以验证研究假设是否成立。结构方程模型的全模型由测量模型和路径模型组成,测量模型可以检验实际的观察指标与其所蕴含的潜变量之间的关系。社会网络结构和网络支持都是抽象性的概念,并不能直接进行测量,因此需要通过测量模型,将社会网络结构和网络支持作为潜变量,检验对其进行测量的观测指标的有效性从而进一步进行筛选,并在路径模型中确立潜变量之间的关系[①]。

根据研究的设计,选用 AMOS5.0 对社会网络与职业生涯规划行为之间的关系进行检验。在构建模型之前,先需要测量数据是否满足构建结构方程模型的条件,即数据呈正态分布,在实证研究中数据的正态性常用数据的偏度和峰度系数来检验,因此,首先用 SPSS17.0 对各个潜变量的测量项目的调查数据进行了偏度和峰度分析,结果观测变量的偏度和峰度的系数介于 +2 与 -2 之间,表明各测变量的偏度和峰度系数在可接受的范围之内。

---

① 　王卫东.中国城市居民的社会网络资本与个人资本[J]. 社会学研究,2006(3):151 - 166.

　　根据研究的理论假设,构建了社会网络与工科大学生职业生涯规划行为关系的路径模型,如图5-1所示。

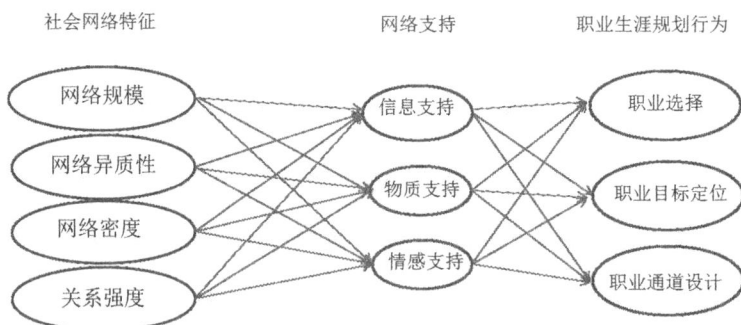

图5-1　社会网络与工科大学生职业生涯规划行为关系的路径模型

注:图中椭圆表示该变量为潜变量

　　本研究中,采用 AMOS 软件针对模型进行分析,在理论假设中虽然涉及了亲缘网络、学缘网络和业缘网络,但是上述三个社会网络变量间的关系结构具有一致性。因此,在进行结构方程模型拟合时,选取一个社会网络的数据进行拟合。表5-30呈现的是结构方程模型的拟合结果,从模型拟合的结果来看,假设模型的拟合效果可以接受,则研究设计中的假设模型得到支持。

表5-30　结构方程模型的拟合

模型结构	X^2/df	NFI	CFI	PNFI	RMSEA	IFI
本研究的假设模型	3.74	0.90	0.91	0.92	0.061	0.91

　　同时假设模型的路径系数和假设检验的结果显示,理论研究中所提出的研究假设关系是显著的,并与研究假设预测的方向基本一致,进而证明理论假设的合理性。假设模型路径系数和假设检验的结果如表5-31、表5 32、表5 33所示。

1) 亲缘网络条件下理论模型检验

表 5 - 31　理论模型的路径系数与假设检验之一(亲缘网络)

序号	变量间关系	预测关系	路径系数	检验结果
1	网络规模——信息支持	＋	0.028**	支持
2	网络规模——物质支持	＋	0.017	未支持
3	网络规模——情感支持	＋	0.064**	支持
4	网络异质性——信息支持	＋	0.004	未支持
5	网络异质性——物质支持	＋	0.027**	支持
6	网络异质性——情感支持	－	−0.009	未支持
7	网络密度——信息支持	－	−0.002	未支持
8	网络密度——物质支持	＋	0.029*	支持
9	网络密度——情感支持	－	−0.061*	支持
10	关系强度——信息支持	－	−0.058**	支持
11	关系强度——物质支持	＋	0.727**	支持
12	关系强度——情感支持	＋	0.967**	支持
13	信息支持——职业选择	＋	0.948**	支持
14	信息支持——职业目标定位	＋	0.813**	支持
15	信息支持——职业通道设计	＋	0.480	未支持
16	物质支持——职业选择	－	−0.004	未支持
17	物质支持——职业目标定位	－	−0.521**	支持
18	物质支持——职业通道设计	＋	0.106**	支持
19	情感支持——职业选择	－	−0.058**	支持
20	情感支持——职业目标定位	－	−0.208**	支持
21	情感支持——职业通道设计	＋	0.047*	支持

注：* 表示 $p < 0.05$；** 表示 $p < 0.01$

依据表 5 - 31,在亲缘网络的条件下,亲缘网络与工科大学生职业生涯规划的关系如下：

(1) 本研究假设社会网络规模与信息支持、物质支持、情感支持之间存在着正向关系。检验结果表明,网络规模对信息支持和情感支持有正向的影响关系,但是网络规模对物质支持没有显著影响。

(2)本研究假设社会网络异质性与信息支持和物质支持之间存在着正向关系,与情感支持之间存在着负向关系。检验结果表明网络异质性对信息支持和情感支持没有显著影响,网络异质性对物质支持有正向的影响关系。

(3)本研究假设网络密度与信息支持、情感支持之间存在着负向关系,与物质支持之间存在着正向关系。检验结果表明网络密度对信息支持无显著性影响,而对情感支持负向影响关系,网络密度对物质支持有正向影响。

(4)本研究假设网络关系强度与物质支持、情感支持之间存在着正向关系,与信息支持存在着负向关系。检验结果表明网络关系强度对物质支持、情感支持有正向影响,关系强度与信息支持之间存在负相关关系。

(5)本研究假设信息支持与职业生涯规划行为(职业选择、职业目标定位、职业通道设计)之间存在正向关系。检验结果表明信息支持对职业生涯规划中的职业选择、职业目标定位有正向影响,信息支持对职业通道设计无显著性影响。

(6)本研究假设物质支持与职业选择、职业目标定位之间存在负相关关系,物质支持与职业通道设计之间存在正向关系。检验表明物质支持对职业选择无显著影响,与职业目标定位存在负相关关系,物质支持对职业通道设计有正向影响。

(7)本研究假设情感支持与职业选择、职业目标定位之间存在负向关系,与职业通道设计存在正向相关关系,检验结果表明情感支持职业选择、职业目标定位之间存在负向关系,与职业通道设计存在正向相关关系。

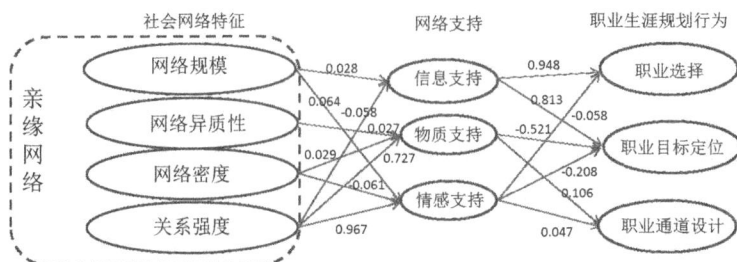

图 5-2　亲缘网络与工科大学生职业生涯规划行为关系的路径模型——实证检验结果

2）学缘网络条件下理论模型检验

表 5 - 32　理论模型的路径系数与假设检验之二（学缘网络）

序号	变量间关系	预测关系	路径系数	检验结果
1	网络规模——信息支持	−	−0.125**	支持
2	网络规模——物质支持	＋	0.148**	支持
3	网络规模——情感支持	＋	0.082**	支持
4	网络异质性——信息支持	＋	0.002	未支持
5	网络异质性——物质支持	−	−0.012**	支持
6	网络异质性——情感支持	＋	0.007**	支持
7	网络密度——信息支持	−	−0.075**	支持
8	网络密度——物质支持	＋	0.184**	支持
9	网络密度——情感支持	−	−0.230**	支持
10	关系强度——信息支持	＋	0.919**	支持
11	关系强度——物质支持	＋	0.495**	支持
12	关系强度——情感支持	＋	0.978**	支持
13	信息支持——职业选择	＋	0.672**	支持
14	信息支持——职业目标定位	＋	0.670**	支持
15	信息支持——职业通道设计	−	−0.020	未支持
16	物质支持——职业选择	−	−0.011	未支持
17	物质支持——职业目标定位	＋	0.086*	支持
18	物质支持——职业通道设计	＋	0.914**	支持
19	情感支持——职业选择	−	−0.036	未支持
20	情感支持——职业目标定位	＋	0.166**	支持
21	情感支持——职业通道设计	−	0.004	未支持

注：* 表示 $p < 0.05$；** 表示 $p < 0.01$

依据表 5 - 32，在学缘网络的条件下，学缘网络与工科大学生职业生涯规划的关系如下：

（1）本研究假设网络规模与信息支持与之间存在负向关系，与物质支持、情感支持之间存在正向关系。检验结果表明网络规模对信息支持有负向影响,网络规模对物质支持和情感支持有正向显著影响。

(2) 本研究假设网络的异质性与信息支持、情感支持之间存在着正向关系,与物质支持存在着负向关系。检验结果表明网络异质性对信息支持无显著影响,对物质支持有负向影响,对情感支持有正向影响,但影响微弱。

(3) 本研究假设网络密度与信息支持、情感支持之间存在着负向关系,与物质支持之间存在着正向关系。检验结果表明,网络密度对信息支持和情感支持有负向影响,网络密度对物质支持有正向显著影响。

(4) 本研究假设关系强度与网络支持(信息支持、物质支持、情感支持)之间存在着正向关系。检验结果表明关系强度对网络支持(信息支持、物质支持、情感支持)有正向影响。

(5) 本研究假设信息支持与职业生涯规划行为的职业选择、职业目标定位之间存在着正向关系,而与职业通道设计之间存在负向关系。检验结果表明信息支持对职业选择、职业目标定位有正向显著性影响,而与职业通道设计无显著影响。

(6) 本研究假设物质支持与职业生涯规划行为的职业选择之间存在负向相关关系,而与职业目标定位、职业通道设计之间存在正向关系。检验结果表明物质支持对职业选择无显著影响,但是物质支持对职业目标定位、职业通道设计有正向影响。

(7) 本研究假设情感支持与职业生涯规划行为的职业选择、职业通道设计之间存在负向关系,与职业目标定位之间存在正向关系。检验结果表明情感支持对职业选择、职业通道设计无显著影响,但是情感支持对职业目标定位有正向影响。

3) 业缘网络条件下理论模型检验

依据表 5 - 33,在业缘网络的条件下,业缘网络与工科大学生职业生涯规划的关系如下:

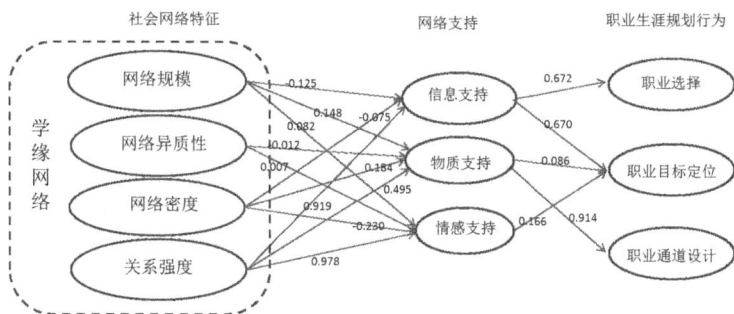

图 5 - 3　学缘网络与工科大学生职业生涯规划行为关系的路径模型——实证检验结果

表 5 - 33　理论模型的路径系数与假设检验之三（业缘网络）

序号	变量间关系	预测关系	路径系数	检验结果
1	网络规模——→信息支持	—	−0.004	未支持
2	网络规模——→物质支持	＋	0.013	未支持
3	网络规模——→情感支持	—	−0.011*	支持
4	网络异质性——→信息支持	＋	0.290**	支持
5	网络异质性——→物质支持	＋	0.325**	支持
6	网络异质性——→情感支持	＋	0.270**	支持
7	网络密度——→信息支持	—	−0.336**	支持
8	网络密度——→物质支持	＋	0.257**	支持
9	网络密度——→情感支持	＋	0.267**	支持
10	关系强度——→信息支持	＋	0.820**	支持
11	关系强度——→物质支持	＋	0.110**	支持
12	关系强度——→情感支持	＋	0.510**	支持
13	信息支持——→职业选择	＋	0.016	未支持
14	信息支持——→职业目标定位	＋	0.337**	支持
15	信息支持——→职业通道设计	—	−0.331**	支持
16	物质支持——→职业选择	＋	0.513**	支持
17	物质支持——→职业目标定位	＋	0.174**	支持
18	物质支持——→职业通道设计	＋	0.602**	支持

（续表）

序号	变量间关系	预测关系	路径系数	检验结果
19	情感支持——职业选择	＋	0.033	未支持
20	情感支持——职业目标定位	＋	0.434**	支持
21	情感支持——职业通道设计	＋	0.681**	支持

注: * 表示 $p < 0.05$；** 表示 $p < 0.01$

（1）本研究假设网络规模与网络支持中的信息支持、情感支持之间存在着负向关系，与物质支持之间存在正向关系。检验结果表明网络规模对信息支持、物质支持都没有显著影响，但是对情感支持有负向影响。

（2）本研究假设网络的异质性与网络支持（信息支持、物质支持、情感支持）之间存在着正向关系。检验结果表明网络异质性对信息支持、物质支持、情感支持有正向的影响关系。

（3）本研究假设网络的密度与网络支持（物质支持、情感支持）之间存在着正向关系，与信息支持之间存在着负向关系。检验结果表明网络密度对物质支持、情感支持有正向影响，网络密度与情感支持的正向关系预测成立，同时网络密度对信息支持有负向关系的预测也成立。

（4）本研究假设预测关系强度与网络支持（信息支持、物质支持、情感支持）之间存在着正向关系。检验结果表明关系强度对网络支持（信息支持、物质支持、情感支持）有正向影响，关系强度与网络支持的正向关系预测成立。

（5）本研究假设信息支持与职业生涯规划中的职业选择和职业定位之间存在正向关系，与职业通道设计之间存在负向关系。检验结果表明信息支持对职业选择没有显著影响，对职业目标定位有正向影响，而与职业通道设计之间存在负向关系。

（6）本研究假设物质支持与职业生涯规划行为（职业选择、职业目标定位、职业通道设计）之间存在正向关系。检验结果表明物质支持对职业选择、职业目标定位、职业通道设计有正向显著影响，假设成立。

（7）本研究假设预测情感支持与职业生涯规划行为（职业选择、职业目标定位、职业通道设计)之间存在正向关系。检验结果表明情感支持对职业选择无显著影响,但是情感支持对职业目标定位、职业通道设计有正向影响。

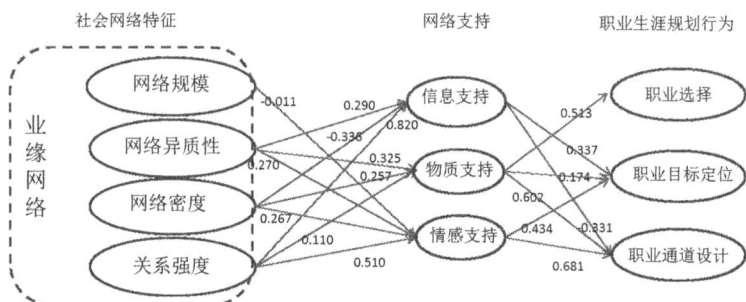

图 5-4　业缘网络与工科大学生职业生涯规划行为关系的路径模型——实证检验结果

5.4　实证研究的结论

通过前面的数据分析,基本呈现出社会网络与工科大学生职业生涯规划的关系,揭示了社会网络与网络支持对工科大学生职业生涯规划的影响。通过实证数据分析,可以发现,工科大学生在不同的社会网络中,社会网络结构特征对其所获得的网络支持是有显著差异的。同时,网络支持的程度不同对工科大学生职业生涯规划行为的影响也是不同的。数据分析结果表明社会网络通过对网络支持(信息支持、物质支持和情感支持)的影响,进而对工科大学生职业生涯规划行为产生影响,网络支持(信息支持、物质支持和情感支持)是社会网络对工科大学生职业生涯规划影响的中间变量。

下面以工科大学生亲缘网络、学缘网络和业缘网络为基本数据分析框架,对具体的实证研究结论作出说明。

5.4.1　亲缘网络对工科大学生职业生涯规划的影响

(1)在工科大学生的亲缘网络中,社会网络规模对工科大学生在所获得的信息支持和情感支持有正向的影响,但是,社会网络规模对工科大学生在所获得的信息支持和情感支持影响系数并不大,相比较而言情感支持系数要大于信息支持。这说明工科大学生亲缘网络规模越大所获得信息支持就越多,获得的情感支持就越强,但是影响强度并不高。此外,工科大学生亲缘网络规模的大小对工科大学生所获得的物质支持多少无显著相关。

(2)在工科大学生的亲缘网络中,亲缘网络异质性对工科大学生在所获得的信息支持和情感支持没有显著影响,网络异质性对物质支持有正向的影响关系,但是影响系数并不大。说明工科大学生亲缘网络的异质性越大则工科大学生所获得的物质支持就越多,但是影响强度较弱。此外,工科大学生亲缘网络异质性对所获得的信息支持和情感支持无显著性相关。

(3)在工科大学生的亲缘网络中,亲缘网络密度对信息支持无显著性影响,而对情感支持存在负向影响关系,对物质支持存在正向影响。由于亲缘网络中,网络成员之间的熟悉程度越高,网络密度越大,说明网络成员间的熟悉程度越高,工科大学生在网络中获得的物质支持就越多,然而正是因为网络成员间熟悉程度高,相互影响也就比较多,工科大学生从亲缘网络中获得的关于职业生涯规划方面的情感支持也就越单一,而亲缘网络所能提供的重复信息就越多,工科大学生获得的有效信息支持就相对较少。

(4)在工科大学生的亲缘网络中,亲缘网络关系强度对工科大学生所获的物质支持和情感支持都有显著正向影响,且影响强度较高,但是对信息支持却存在负向影响。这说明工科大学生在进行职业生涯规划过程中需要的信息支持,并不是来自亲缘网络强关系所提供的,因为网络关系强度越高,获得的重复信息较多,有效信息较少。相反社会关系强度越大,工科大学生获得的物质支持也越多,同时也能更多地获得来自网络其他个体的情感支持。

(5)在工科大学生的亲缘网络中,获得的信息支持对于工科大学生的职业选择和职业目标定位有显著相关关系,但是对职业通道设计没有显著影响;获得的物质支持对职业通道设计有正向影响,而对职业选择无显著影响,与职业目标定位存在负影响。这说明来自亲缘网络信息支持影响着工科大学生的职业选择和职业目标定位,且有较高的影响程度,但是对工科大学生进行职业通道设计没有帮助。亲缘网络的物质支持对工科大学生进行职业通道设计有帮助,但是对工科大学生的职业选择没有意义,对职业目标定位却存在负向效应,物质支持越多职业目标定位就越难以聚焦;获得的情感支持对工科大学生职业通道设计具有正向影响,但是影响强度不高,对工科大学生职业选择和职业目标定位具有负向影响,因为亲缘网络的情感支持更多地体现为父母亲属等的职业态度,这种态度往往产生负效应。

综上所述,在工科大学生的亲缘网络中,工科大学生在亲缘网络中与网络成员之间的联系越紧密,从亲缘网络中所获得的物质和情感支持就越多;亲缘网络规模越大所获得信息支持和物质支持就越多;亲缘网络成员之间的异质性越大,工科大学生所获的物质支持就越多;亲缘网络密度越大,工科大学生所能获得的物质支持越多。总之,亲缘网络为工科大学生提供的网络支持中,主要以物质支持和情感支持为主。上述判断基本符合亲缘关系对工科大学生网络支持的经验判断。从网络支持对职业生涯规划行为的关系来看,信息支持越多对工科大学生的职业选择和职业目标定位积极影响越大,因此,来自亲缘网络的信息支持对工科大学生的职业选择和职业目标定位是十分重要的;物质支持越大对工科大学生的职业通道设计有积极影响,作为大学生其经济来源主要依赖于亲缘网络提供的支持,为实现职业理想,需要做知识能力上的准备,而这就需要亲缘网络提供的物质支持;情感支持对工科大学生的职业规划行为存在显著的影响,但这种影响总体显得比较弱,尤其是工科大学生的职业选择和职业目标定位往往与父母亲属的期望并不一致,呈现出负效应,情感支持对职业通道设计行为存在一定积极影响。

分析结论:亲缘网络对工科大学生的职业生涯规划提供的网络支持主要是物质支持和情感支持,而亲缘网络支持对职业生涯规划的影响主要体现在对职业选择和职业目标定位两个方面。

5.4.2　学缘网络对工科大学生职业生涯规划的影响

(1)在工科大学生的学缘网络中,学缘网络规模对工科大学生在该网络中所获得的物质支持和情感支持多少有显著正向影响,网络规模越大工科大学生在学缘网络中所获得的物质支持和情感支持就越多。学缘网络规模对信息支持存在负向影响,即网络规模的越大工科大学生在该网络中所获得的信息支持越少,这说明在学缘网络中成员的数量并不能改变工科大学生获得的有效信息资源的多少,在有效资源确定的情况下,网络规模越大,信息支持程度就越小。

(2)在工科大学生的学缘网络中,学缘网络异质性对于工科大学生获得的情感支持有正向显著影响,但是影响较弱。学缘网络异质性信息支持无显著影响,说明在学缘网络中,网络成员之间的异质性并不能使工科大学生在该网络中获得有效的信息资源。学缘网络异质性对于工科大学生在该网络中所获得的物质支持有负向影响,即网络成员的异质性越大,工科大学生在该网络中所获得的物质资源就相对较少。

(3)在工科大学生的学缘网络中,学缘网络密度对工科大学生获得物质支持存在显著影响,说明学缘网络中成员越熟悉,越能给予大学生越多的实质性的帮助。学缘网络密度对工科大学生所获得信息支持和情感支持有负向影响,网络密度越大,工科大学生在该网络中所获得信息支持和情感支持越少,反之则越大,这说明在学缘网络中网络成员熟悉的程度越高,大学生能够在网络中获得的非重复性信息支持和情感支持越少。

(4)在工科大学生的学缘网络中,学缘网络关系强度对于工科大学生在该网络中所获得信息支持、物质支持和情感支持都有正向影响,网络关系强度越大,工科大学生在该网络中所获得信息支持、物质支持和情感支持也就越多。

(5)在工科大学生的学缘网络中,获得的信息支持对于工科大学生的职业选择、职业目标定位有正向显著影响,说明来自学缘网络的信息支持越大,工科大学生的职业选择的可能性更大,职业目标定位也就越明确,而对职业通道设计却没有影响。物质支持对于工科大学生的职业目标定位、职业通道设计有正向影响,即工科大学生如能获得越多的物质支持,越有利于工科大学生的职业目标定位和职业通道设计;工科大学生如能获得越多的情感支持,工科大学生在职业目标定位也就越明确。

综上所述,在工科大学生的学缘网络中,学缘网络的关系强度无疑是影响工科大学生获得网络支持的重要因素,它对信息支持、物质支持以及情感支持都有正向影响,尤其是对信息支持和情感支持影响重大。说明在学缘网络中,强关系是获得有效信息的重要基础,关系强度越大所获得的信息支持就越大;同样学缘网络关系强度越大所获得的情感支持也就越多,这符合学缘网络关系状态下,工科大学生获得网络支持经验判断。工科大学生在学缘网络中获得的信息支持、物质支持和情感支持都对工科大学生的职业目标定位产生积极影响,说明工科大学生的职业目标定位依赖于学缘网络中获取的各种网络支持,学缘网络主要影响工科大学生职业生涯规划行为的职业目标定位。

分析结论:学缘网络对工科大学生的职业生涯规划提供的网络支持主要是信息支持、物质支持和情感支持,而学缘网络支持对职业生涯规划行为,即职业选择、职业目标定位和职业通道设计三个方面都有正向积极影响。

5.4.3　业缘网络对工科大学生职业生涯规划的影响

(1)在工科大学生的业缘网络中,业缘网络规模对于工科大学生所获得信息支持、物质支持无显著影响,说明业缘网络规模对工科大学生获得有效职业规划方面的信息影响不大,同时也不影响工科大学生在该网络中获得的物质支持。而且网络规模的大小对工科大学生所获得情感支持存在负向影响,网络规模越大,工科大学生获得职业规划方面的态度、情感等越不聚焦,支持也就越少。

(2)在工科大学生的业缘网络中,业缘网络异质性对于工科大学生在该网络中所获得信息支持、物质支持、情感支持有显著正向影响关系。网络异质性越大,工科大学生所能获得的各种不重复的网络支持也就越多。

(3)在工科大学生的业缘网络中,业缘网络密度对于工科大学生所获得物质支持、情感支持有显著正向影响关系。业缘网络密度越大,工科大学生所能获得的物质支持和情感支持也就越多,反之越少。而业缘网络密度越大,成员间熟悉的程度越高,意味着他们类似的信息资源越多,从而工科大学生所能获得的不重复信息越少。

(4)在工科大学生的业缘网络中,业缘网络关系强度对于工科大学生在该网络中所获得的信息支持、物质支持和情感支持都有正向影响,关系强度越大,工科大学生在该网络中所获得信息支持、物质支持和情感支持也就越多。

(5)在工科大学生的业缘网络中,工科大学生所获得的信息支持对其职业目标定位有显著正向影响,但是对于工科大学生的职业通道设计有负向影响关系,意味着工科大学生获得的信息越多越不利于工科大学生有针对性地进行职业通道设计。工科大学生所获得的物质支持对工科大学生的职业选择、职业目标定位以及职业通道设计都有显著正向影响,说明来自业缘网络的物质支持是工科大学生职业生涯规划的重要影响因素,即工科大学生如能获得越多的物质支持,越有利于工科大学生的职业生涯规划。业缘网络提供的情感支持对工科大学生的职业目标定位和职业通道设计存在积极的显著影响。

综上所述,在工科大学生的业缘网络中,业缘网络关系强度是影响工科大学生在该网络中所获的网络支持的重要因素,说明在业缘网络中关系强度越大所获得的信息支持就越大,网络的关系强度越大所获得的情感支持也就越多。网络异质性也是影响工科大学生在该网络中所获的网络支持的重要因素,网络成员之间的异质性越大,工科大学生所获的各种网络支持也就越多。网络密度对于网络支持也有不同程度的影响,网络密度对于工科大学生从该网络中所获得的物质支持、情感支持有显著正向影响,网络密度越大,工科大学生所能获得的物质支持和情感支持也就越多,这也是符合业缘关系状态下,工科大学生网络支持获得的经验判断。从网络支持与职业生涯规划行为的关系角度看,业缘网络中的物质支持是影响工科大学生职业生涯规划行为的重要因素,它对职业生涯规划行为的三个方面都有正向影响,物质支持越强,越有利于工科大学生进行职业生涯规划,同时,工科大学生所获得的信息支持对职业目标定位也存在积极影响,情感支持对工科大学生职业目标定位和职业通道设计行为都有积极影响。

分析结论:业缘网络对工科大学生的职业生涯规划行为提供的网络支持包括了信息支持、物质支持和情感支持,而对职业生涯规划行为的影响体现在职业目标定位与职业通道设计两个方面。

5.5   本章小结

本章运用相关分析、方差分析、结构方程模型等数理统计方法,分析了特定的社会网络影响工科大学生职业生涯规划的作用机理。首先,运用相关分析方法,分析工科大学生社会网络结构特征、社会网络支持(信息支持、物质支持和情感支持)、职业生涯规划行为之间的内在联系。其次,运用方差分析方法,分析工科大学生的社会网络结构特征差异性。再次,运用结构方程方法,分析工科大学生社会网络结构特征对社会网络支持(信息、物质和情感支持)的影响及程度,进而分析社会网络支持(信息支持、物质支持和情感支持)对工科大学生职业生涯规划行为的影响及作用机理。

第6章 研究结论与展望

6.1 研究结论

职业生涯规划是大学生走向社会的必要前提,是衡量高等学校培养质量的重要标志。教育引导大学生自觉科学地规划设计职业生涯,是高等学校重要的教育实践活动。本研究聚焦我国高等教育人才培养与经济社会发展人才需求之间匹配关系问题,以工科大学生职业生涯规划为研究对象,运用社会网络理论和分析方法,在实证调研的基础上,系统阐释了工科大学生职业生涯规划特征与规律,研究了工科大学生职业生涯规划的社会影响因素,论证了社会网络支持与工科大学生职业生涯规划之间的内在逻辑,揭示了特定社会网络背景下社会网络支持对工科大学生职业生涯规划的作用机理,为高等学校加强工科大学生职业生涯规划教育,推动工科大学生职业生涯规划教育纳入高等工程教育体系,提高工科大学生职业生涯规划的自觉性和科学性提供了理论依据。

本研究在理论上拓宽了大学生职业生涯规划教育理论研究视域,丰富了大学生职业生涯规划教育理论内涵;在实践上为高等学校大学生职业生涯规划教育引导改革方案提供了理论和实践依据。本研究获得以下五个方面结论:① 工科大学生职业生涯规划问题,体现了个人职业理想与社会职业需求之间的矛盾,折射了高等教育个人本位与社会本位的人才培养目标争论。② 工科大学生作为大学生中的特殊群体,因所学专业的特殊性和复杂性,其职业生涯规划特征和规律具有典型意义。③ 工科大学生的职业生涯规划受到特定社会网络的影响,社会网络与工科大学生职业生涯规划行为有着显著相关性,工科大学生获得的社会网络支持不同,职业选择、职业目标定位和职业通道设计存在显著差异性。④ 社会网络决定了工科大学生职业生涯规划社会资源支持程度,社会资源支持程度影响了工科大学生的职业选择、职业目标定位和职业通道设计。⑤ 工科大学生职业生涯规划教育要超越高等教育人才培养个人本位与社会本位的争论,在深刻把握影响工科大学生职业生涯规划的个体因素和社会因素基础上,选择有效的教育引导实践方案,促进工科大学生自觉科学地规划职业生涯。

6.1.1　工科大学生职业生涯规划的内在矛盾

我国高等学校人才培养与社会职业岗位人才需求之间匹配度不高的问题,是高等教育人才培养基本问题,即个人本位与社会本位关系问题的现实折射。高等教育人才培养的目标是实现个体发展和完善,还是以满足经济社会发展人才需求为目标,是一个长期争论不休的问题。这一问题在大学生职业生涯规划领域,体现为个人职业理想与社会职业需求之间的矛盾。本质上反映了现代社会个人与社会的关系。本研究认为解决这一问题关键是,克服个人本位与社会本位两者对立思维,从两者有机统一的视角,思考高等教育人才培养目标问题。从工科大学生职业生涯规划角度看,克服个人本位与社会本位两者对立思维,通过工科大学生职业生涯规划教育引导,在工科大学生自觉科学的职业生涯规划设计中,把个体职业理想与社会职业需求有机统一起来。

6.1.2　工科大学生职业生涯规划特征与规律

工科大学生是大学生中的特殊群体。工科大学生所学工程技术类专业复杂性和所要从事工程师职业的特殊性,要求工科大学生的职业选择、职业目标定位更加明确,职业通道设计要更具针对性,从个人职业理想和社会职业需求匹配关系看,工科大学生的职业生涯规划内在矛盾张力更大,对职业生涯规划自觉性的要求更高,这就决定了工科大学生职业生涯规划特征和规律更具典型性。

从社会网络视域看,处于特定社会网络中的工科大学生,职业生涯规划行为受到了多重因素的影响,这些影响因素由工科大学生所处的特殊社会网络所决定,并作用于工科大学生的职业生涯规划行为。工科大学生职业生涯规划的影响因素可以分为个体因素和社会因素，工科大学生职业生涯规划不仅是对未来目标职业岗位的选择和职业发展的计划，更是实现目标职业选择和职业发展的行动步骤和行动策略。因此，工科大学生职业生涯规划本质上是将个人所持有的职业资源优势与职业选择和职业目标定位之间进行匹配的过程，体现了个体职业理想和社会职业需求、个体影响因素和社会影响因素之间的博弈关系。

6.1.3   社会网络与工科大学生职业生涯规划的内在逻辑

社会网络的分析是研究工科大学生职业生涯规划研究重要的方法。社会网络分析方法运用于工科大学生职业生涯规划研究，是基于工科大学生的社会网络结构特征，分析工科大学生的社会网络规模、社会网络异质性、社会网络密度、社会网络中行动者之间关系强度等因素。本研究表明，社会网络结构特征决定工科大学生获得社会资源（信息资源、物质资源和情感资源）的状态，社会资源获得性影响工科大学生的职业生涯规划行为。

影响工科大学生职业生涯规划的影响因素主要包括：信息支持因素、物质支持因素、情感支持因素。影响工科大学生职业生涯规划行为的三大因素，是在特定的社会网络中形成，社会网络是工科大学生获得职业生涯规划社会资源支持的重要社会基础，工科大学生的社会网络结构特征与职业规划行为之间存在较高的相关性。工科大学生个体的亲缘社会网络、学缘社会网络和业缘社会网络的结构特征决定了工科大学生职业生涯规划获取信息资源支持、物质资源支持和情感资源支持状态，进而影响工科大学生职业选择、职业目标定位和职业通道设计。

6.1.4   社会网络影响工科大学生职业规划作用机理

社会网络、网络支持因素和工科大学生职业规划行为之间存在以下内在逻辑关系：即工科大学生社会网络结构特征，决定了信息资源、物质资源和情感资源的获取，影响着工科大学生职业选择、职业目标定位和职业通道设计的行为选择。

社会网络本身并不能直接影响工科大学生的职业生涯规划行为，而是通过网络中联结的关系形成、汇聚的各种社会资源，处于特定社会网络中的工科大学生挖掘、掌控个体社会网络中流动资源，从而获得信息、物质和情感等社会资源支持。社会网络所提供的社会资源支持是联结社会网络与工科大学生职业生涯规划行为之间的桥梁,具有中介作用。

　　研究表明,工科大学生在特定社会网络中所获得的社会资源支持状况不同。以血缘、亲属关系联结的亲缘网络,为工科大学生职业生涯规划提供的社会网络支持主要是物质资源支持和情感资源支持。此外,亲缘网络关系强度对工科大学生的情感支持呈现更强的正向影响,亲缘网络中关系强度越大,工科大学生获得情感支持越多。工科大学生亲缘网络中所呈现的物质支持,主要是资金和实现职业目标机会等,情感支持则包括安慰、理解、交流,尤其是对职业认同的态度。这两种社会网络支持在工科大学生职业目标定位与职业通道设计方面体现最为突出。以同学、师生关系联结的学缘网络,为工科大学生职业生涯规划提供的社会网络支持是信息支持、物质支持和情感支持。然而,学缘网络支持所呈现的物质支持主要是实现职业目标的机会、成就职业理想的职业训练和职业教育,情感支持则包括鼓励、理解和交流,对于正在进行职业生涯规划的工科大学生而言,从同学和老师那里获得对职业选择肯定,以及对未来职业目标定位憧憬的支持,能够产生重要激励效应。信息支持和物质支持分别对工科大学生的职业选择、职业目标定位和职业通道设计呈现较强的正向影响。以朋友和事业关系联结的业缘网络,为工科大学生职业生涯规划提供的社会网络支持既有信息支持,也有物质支持和情感支持,信息支持包括职业的认知、职业选择时所需的知识,以及对职业岗位的意见和看法,物质支持则体现为职业实现的机会、实际的帮助行动等,情感支持则体现为对职业选择的理解、附和等。但是,业缘网络的规模与信息支持和物质支持相关度不高,业缘网络关系强度对信息支持有着显著的正向影响,这也说明通过业缘网络获得有效信息并不是依赖扩大网络的规模而得到的,业缘网络关系强度是工科大学生获得有效职业信息的重要途径。业缘网络所提供的物质支持对工科大学生职业选择和职业通道设计有很强的正向影响,所提供的情感支持对工科大学生职业目标定位和职业通道设计有更显著的正向影响。

6.2　研究启示

6.2.1　树立职业生涯规划理念

职业生涯规划是工科大学生走向职业岗位必须经历的过程。工科大学生规划职业生涯，首先要有明确的职业生涯规划意识，认识职业生涯规划对个体职业发展的重要意义。职业生涯是漫长人生中的重要组成部分，职业生涯的长度和职业生涯成功与否，体现了个体的人生价值。工科大学生是未来的工程师，他们是中国未来工程技术领域的新生力量，工程师职业化特征非常明显，成为一名工程师应当成为工科大学生的职业理想，自觉科学地规划职业生涯是实现工程师职业理想的重要前提。

目前，工科大学生在职业生涯规划过程中，存在两种思想倾向，一种思想倾向是，认为所学工程技术类专业的专业性强、工程师职业倾向明显，大学毕业以后自然会进入工程师行业，职业生涯道路已经可以预见，规划职业生涯并没有实际意义。另一种思想倾向是，认为大学生职业生涯规划就是解决目前就业难问题，至于职业选择和职业目标定位是遥远和不可预见的。这两种思想倾向反映了工科大学生职业生涯规划意识较弱，思想上对职业生涯规划认知不够，行动上缺乏职业生涯规划能力。因此，增强工科大学生的职业生涯规划意识，加深对职业生涯规划的认知，是帮助工科大学生实现工程师职业的重要基础。

树立正确的职业生涯规划理念，要求把个体职业理想与社会职业需求有机结合起来。大学生职业生涯规划是破解个人与社会在职业发展上矛盾的重要途径。大学生要客观分析自身和外界环境之后，制订科学可行的、个性化的职业生涯规划实施方案，使个体优势得到最大程度的发挥，使社会需求得到最大程度的满足。

6.2.2　优化大学生社会网络

社会网络支持对工科大学生职业生涯规划有重要影响作用。因此，有效的个人社会网络的构建和管理，将给个体带来必要的社会资源支持。每个人都有先赋网络和后天选择网络，由亲缘关系为纽带的先赋网络尽管在为个人提供社会支持时有着先天的优势,但是其网络的特征相对固化,而后天选择的网络是个人选择的结果,个人在构建网络时对于网络成员是可以选择的,因而网络的特征更加灵活多变。

高等学校要帮助大学生培育和积累家族、亲朋好友等强联结的社会网络。由家族成员、亲朋好友组成的社会网络属于强联结,这种社会网络牢固、稳定、可信度高,是很多大学生职业选择、职业目标定位、职业通道设计赖以获取信息资源、物质资源和情感资源的重要渠道。家族成员、亲朋好友的经济和社会地位决定了大学生社会网络的质量和规模。大学生职业生涯规划是家族成员、亲朋好友都十分关注的大事,家族成员、亲朋好友会充分利用社会网络帮助提供社会资源支持。大学生个体社会网络异质性越大,所获得的有效信息也就越多,从而为大学生提供了职业选择和职业定位的选择依据。

高等学校要帮助大学生培育和积累同学和师生等强联结的社会网络。同学之间具有深厚的情谊,加之年纪相仿、经历相近、专业相同等因素,使得工科大学生形成了强联结社会网络。工科大学生在规划职业生涯过程中,通过相互间的联系,能够获得更多、更有效的职业信息。要获得较强社会网络支持,要求工科大学生在校期间与同学、校友和老师建立良好的网络关系,积极参加校友会、学生会等社团活动,以认识更多的校友和同学,逐步形成一个潜在的由校友、同学、老师等强联结所组成的社会网络,这个社会网络就可以转变成为支撑大学生职业生涯规划的社会资源。

高等学校是大学生建立学缘网络和业缘网络的重要场所,高等学校要发挥学校教育和资源的优势,为大学生提供信息、物质和情感上的支持,从而帮助他们自觉科学地进行职业选择、职业目标定位和职业通道设计。

高等学校职业生涯教育就要利用学校平台,帮助大学生构建自己的社会网络,增强大学生充分挖掘和利用社会网络资源的能力。学校职业生涯辅导员、大学生创业导师、朋辈辅导员、学生导师都要针对不同大学生的特点分门别类地进行职业生涯规划教育指导。同时发挥榜样示范作用,通过各种载体,在学生中树立职业生涯规划的典型,用身边榜样来带动身边的人,用身边的榜样来激励身边的人。

6.2.3　完善高等工程教育体系

　　培养高水平职业工程师是高等工程教育的目标追求。在高等教育大众化阶段,人才培养与社会需求相匹配是重要的高等教育人才培养指标。人才培养与社会需求相匹配的显性表现为大学生职业生涯规划的成功与否。工程师培养的质量取决于高等工程教育的质量,高等工程教育人才培养是否能够满足我国先进制造业发展对工程技术人才的需求,直接反映了高等工程教育人才培养绩效。

　　对于工科大学生来说,成为一名合格的工程师不仅要具备工程技术方面的专业知识和技能,更要具备规划设计自己工程师职业生涯能力。职业生涯规划能力也是评价合格工程师重要的指标。

　　工科大学生职业生涯规划教育纳入高等工程教育体系,是提升工科大学生规划设计工程师职业生涯能力的重要途径。教育是人为的,更是为人的。高等工程教育无论有多特殊,都应符合服务于人这一基本价值取向。然而,在技术的功利性与教育的工具理性支配下,高等教育中无视人的现象普遍存在,这种情况在高等工程教育中更为明显。高等工程教育中工程技术教育显现或潜在的消极因素不容忽视。对技术的过度关注和依赖遮蔽了价值理性。工科大学生要确立正确的职业生涯规划理念,离不开正确的价值观引导,更需价值理性的陶冶与滋养。

　　高等工程教育以自然科学与工程科学为基点,以技术应用为落点,其特点是人作用于自然现象与具体事物。这种特点容易使高等工程教育中的教育者与受教育者成"视人为物"的思维惯性,专业教育的做法又容易导致人的片面发展。而工科大学生的职业生涯规划却需要培养学生的社会责任感与时代使命,培养大学生的创造性思维。

　　将职业生涯规划纳入现代高等工程教育体系,就要改变目前将工科大学生的职业生涯规划教育局限于就业教育,仅限于求职方法手段的学习和练习。应当将工程师职业理想教育贯穿于高等工程教育每一环节,同时建构工程师职业选择、职业目标定位、职业通道设计的步骤、环节和路径等知识能力的培养体系。这些知识和能力都是一名合格的工程师所必须具备的。工程师培养过程中的职业生涯规划教育与职业伦理教育一样是高等工程教育不可或缺的。

6.3　研究展望

本书所呈现的职业生涯规划研究成果,揭示了大学生社会网络与职业生涯规划行为之间的内在逻辑关系,对于高校大学生职业生涯教育改革发展具有一定的指导价值,但是研究尚有待于进一步深化,具体而言尚需在以下两个方面展开进一步深入探索:

(1)工科大学生社会网络结构特征的研究尚需进一步细化分析和深入。工科大学生所学专业覆盖面依然较广泛,而且来自城市和农村、不同地区、不同家庭环境、男生和女生所处的社会网络都有差异性,因此获得的社会网络支持强弱也不同,这就需要进一步收集统计数据,进行深入分析。

(2)本书重点分析了社会网络与工科大学生职业生涯规划之间的内在逻辑,以及社会网络支持对工科大学生职业生涯规划的作用机理。然而,如何通过高校职业生涯规划教育,指导学生构建社会网络,获取社会网络资源,仅仅提出了一些初步的建议,尤其是提出将工科大学生职业生涯规划纳入高等工程教育体系,虽然提出了观点,但尚需进一步予以充分论证研究实践方案和行动策略。

综上所述,科学研究没有止境,大学生职业生涯规划研究需要更宽广的学术视野和更强的学术创新意识,才能将该研究领域的问题研究逐步引向深入。

参考文献

中文学术著作

[1] 爱弥尔·涂尔干.职业伦理与公民道德[M].渠东,付根德,译.上海:上海人民出版社,2006.

[2] 布尔迪厄.文化资本和社会炼金术[M].包亚明,译.上海:上海人民出版社,1997.

[3] 曹振杰.职业生涯设计与管理[M].北京:人民邮电出版社,2006.

[4] 查建中,何永汕.中国高等工程教育三大战略[M].2009年版.北京:北京理工大学出版社,2009.

[5] 程社明.你的船,你的海——职业生涯规划[M].第一版.北京:新华出版社,2007.

[6] 高蕾,贾少英.社会网络与90后大学生人际关系[M].北京:北京邮电大学出版社,2014.

[7] 格林豪斯.职业生涯管理[M].王伟,译.北京:清华大学出版社,2006.

[8] 侯志瑾.职业辅导[M].北京:北京大学医学出版社,2008.

[9] 姜继红.社会资本与就业研究[M].北京:社会科学文献出版社,2005.

[10] 理查德·斯威德伯格.经济社会学原理[M].周长城,译.北京:中国人民大学出版社,2005.

[11] 廖泉文.人力资源管理[M].北京:高等教育出版社,2003.

[12] 林崇德,杨治良等.心理学大辞典[M].上海:上海教育出版社,2003.

[13] 林南.社会资本——关于社会结构与行动的理论[M].张磊,译.上海:上海人民出版社,2005:86.

[14] 龙立荣,李晔.职业生涯管理[M].北京:中国纺织出版社,2003.

［15］罗家德.社会网分析讲义［M］.北京:社会科学文献出版社,2005.

［16］罗双平.职业生涯计划［M］.北京:中国人事出版社,1999.

［17］Nadene 等.职业咨询心理学［M］.第二版.时勘,译.北京:中国轻工业出版社,2007.

［18］Reardon Lenz ,Sampson Peterson.职业生涯发展与规划［M］.侯志瑾,伍新春,等译.北京:高等教育出版社,2005.

［19］尚博.个人职业发展规划［M］.北京:经济管理出版社,2003.

［20］泰勒.职业社会学［M］.张逢沛,译.台北:复兴书局,1972.

［21］王明复,孙培雷.大学生职业生涯规划与求职指导［M］.北京:清华大学出版社,2012.

［22］王振源. 群体中的社会网络:前因、后果与影响机制研究［M］.北京:九州出版社,2012.

［23］吴明隆.SPSS 统计应用实务:问卷分析与应用统计［M］.北京:科学出版社,2003.

［24］约翰·米多顿.职业规划［M］.上海:上海远东出版社,2002.

［25］约翰·斯科特.社会网络分析法［M］.刘军,译.重庆:重庆大学出版社,2007.

［26］王沛.大学生职业决策与职业生涯规划［M］.北京:科学出版社,2007.

［27］张文宏.中国城市的阶层结构与社会网络［M］.上海:上海人民出版社,2006.

［28］张莹.如何进行职业生涯规划与管理［M］.北京：北京大学出版社,2003.

［29］张再生.职业生涯管理［M］.北京:经济管理出版社,2002.

［30］张再生.职业生涯开发与管理［M］.天津:南开大学出版社,2003.

［31］章达友.职业生涯规划与管理［M］.厦门:厦门大学出版社,2005.

［32］张振刚,雷育胜,等.大学生学习与职业生涯规划［M］.北京:清华大学出版社,2014.

［33］周文霞.职业生涯管理［M］.上海:复旦大学出版社,2004.

［34］邱皓政,林碧芳.结构方程模型的原理与应用［M］.北京:中国轻工业出

版社,2009.

中文学术期刊

[1] 巴里·韦尔曼.网络分析:从方法和隐喻到理论和实质[J].国外社会学,
1994(3):78-92.

[2] 鲍斯思,郭如平.关于大学生职业生涯规划意识与行为的调查与分析[J].
人力资源管理,2014(5):303-304.

[3] 边燕杰,张文宏,程诚.求职过程的社会网络模型:检验关系效应假设
[J].社会,2012(3):25-37.

[4] 边燕杰,张文宏.经济体制、社会网络与职业流动[J].中国社会科学,
2001(2):77-89.

[5] 边燕杰.城市居民社会资本的来源及作用:网络观点与调查发现[J].中国
社会科学,2004(3):136-146.

[6] 边燕杰.找回强关系:中国的间接关系、网络桥梁和求职[J].国外社会学,
1998 (2):50-63.

[7] 蔡禾,叶保强,邝子文,卓惠兴.城市居民和郊区农村居民寻求社会支援
的社会关系意向比较[J].社会学研究,1997(6):8-14.

[8] 车文辉.城镇失业性贫困人口社会支持网络重构[J].求索,2004(9):
160-161.

[9] 陈成文,谭日辉.社会资本与大学生就业关系研究[J].高等教育研究,
2004(4):29-32.

[10] 陈成文,王修晓.人力资本、社会资本对城市农民工就业的影响——来
自长沙市的一项实证研究[J].学海,2004(6):70-75.

[11] 陈静.职业认知对高校人才培养和大学生就业的意义[J].学校党建与思
想教育,2011(7):68-69.

[12] 陈艳君.高等教育大众化背景下大学生职业生涯规划的对策[J].职业
时空,2011(3):127-128.

[13] 程虹娟,龚永辉,朱从书.青少年社会支持研究现状综述[J].健康心理学
杂志,2003(5):351-353.

[14] 程社明.职业生涯的开发与管理[J].中外企业文化,2003(2):37-39.

[15] 程绪彪.大学生的职业生涯规划探析[J].池州学院学报,2008(5):139-156.

[16] 池厚新,谢秀珍.基于SWOT理论的大学生职业生涯定位研究[J].出国与就业,2011(9):61.

[17] 崔强,沈金志.亲缘意识在淡化——对武汉市五所重点高校大学生的情感支持网的调查[J].青年探索,2004(1):12-15.

[18] 邓纯仁.职业生涯规划视野下的大学生就业主体性研究[J].教育与职业,2011(3):82-83.

[19] 邓红星,孙凤英,张文会.基于现代工程理念的创新型人才培养[J].中国高等教育,2010(8):73-74.

[20] 邓蕾.大学生就业社会支持网的结构与特征——以对华东师范大学2005年应届本科毕业生的抽样调查为例[J].中国青年研究,2006年(4):56-61.

[21] 董安琪.论析大学生职业生涯规划的问题与对策[J].淮北职业技术学院学报,2011(1):95-96.

[22] 段存升,潘耀芳."卓越工程师"本科试点专业培养方案整体制定原则的探讨[J].大家,2012(14):1-2.

[23] 范小青,孙莹莹.心理调适对大学生职业生涯规划的作用[J].科教导刊,2011(5):229,246.

[24] 奉飞,李哲,何修竹.高校工科类大学生职业生涯发展现状探究[J].保健医学研究与实践,2011(4):49-53.

[25] 高山川,孙时进.社会认知职业理论:研究进展及应用[J].心理科学,2005,28(5):1263-1265.

[26] 高晓琴,袭开国.大学生职业生涯规划能力的影响因素分析[J].中国校外教育(职业教育),2010(2):134,139.

[27] 格兰诺维特.弱关系的力量[J].国外社会学,1998(2):39-49.

[28] 顾永东.知识管理理论在大学生职业生涯规划中的应用[J].南京工业大学学报,2008(3):93-94.

[29] 管静娟.社会资本与大学生就业关系研究[J].青年探索,2007(2):30-33.

[30] 郭鑫,吴薇莉,谢海滨.大学生职业生涯规划需求状况及影响因素[J].青年研究,2008(5):1-7.

[31] 郭云南,张晋华,黄夏岚.社会网络的概念、测度及其影响:一个文献综述[J].浙江社会科学,2015(2):122-132.

[32] 何春岐,郭海明.影响大学生职业生涯规划的因素探究[J].齐齐哈尔大学学报(哲学社会科学版),2015(7):146-148.

[33] 何华宇.London 的职业动机理论及对教师专业发展的启示[J].中国高等教育评估,2009(2):77-78.

[34] 贺寨平.国外社会支持网研究综述[J].国外社会科学,2001(1):76-81.

[35] 侯雨欣.大学生职业价值观对职业生涯规划的影响研究——基于川渝高校大学生的实证分析[J].淮海工学院学报(人文社会科学版),2014(8):132-136.

[36] 黄飞青.高职学生职业人文素养的基本内涵、基本特点探析[J].科技视界,2013(8):24,29.

[37] 黄俊毅.人职匹配职业规划方法及其实施障碍[J].辽宁广播电视大学学报,2014(4):30-32.

[38] 籍敏.中美两国大学本科生"职业生涯教育"教材的比较研究[J].当代教育科学,2010(12):25-28.

[39] 简红艳,何瑾,丰鹏.中国大学生职业生涯规划探析[J].经济研究导刊,2011(10):281-282.

[40] 姜继红,汪庆尧.社会资本与就业行为的实证研究[J].扬州大学学报(人文社会科学版),2007(6):70-74.

[41] 蒋海曦,蒋瑛.新经济社会学的社会关系网络理论述评[J].河北经贸大学学报,2014(6):150-158.

[42] 孔春梅,杜建伟.国外职业生涯发展理论综述[J].内蒙古财经学院学报(综合版),2011(3):5-9.

[43] 孔凡柱,耿勋.新生代大学生社会网络现状调查研究[J].教育与职业,

2015(5):112-114.

[44] 李春光,韩艳.工科本科生职业生涯规划中存在的问题及影响因素分析 [J].科技资讯,2014(22):248

[45] 李继宏.强弱之外——关系概念的再思考[J].社会学研究,2003(3): 42-9.

[46] 李梦楠,贾振全.社会网络理论的发展及研究进展评述[J].中国管理信 息化,2014(2):133-135.

[47] 李强.转型时期冲突的职业声望评价[J].中国社会科学,2000(4): 100-111.

[48] 李杉杉,张晓丽.论影响大学毕业生职业生涯规划的心理因素[J].安徽 农业大学学报(社会科学版),2008(7):114-117.

[49] 李迎春.对我国大学生职业生涯规划的思考[J].江苏高教,2011(1): 118-119.

[50] 李永强.浅析转型期工人的社会支持网[J].湖南工业职业技术学院学 报,2005(1):4-6.

[51] 李勇.浅析大学生职业生涯规划的误区及成因[J].凯里学院学报, 2011(4):168-171.

[52] 李珍妮.社会网络视域下提升大学生就业质量的途径研究[J].赤峰学 院学报(自然科学版),2016(3):230-232.

[53] 廖和军.近年来我国社会学者对大学生社会支持网研究综述[J].淮南师 范学院学报,2004(6):99-101.

[54] 林南,王玲,潘允康,袁国华.生活质量的结构与指标——1985年天津 千户户卷调查资料分析[J].社会学研究,1987(6):73-89.

[55] 林南.社会网络与地位获得[J].俞弘强,译.社会学,2003(8):17-28.

[56] 刘海峰,刘晓坤.职业指导在促进高校毕业生就业工作中的作用和重要 性[J].人力资源管理,2013(3):127-129.

[57] 刘楠.工程任务课程化在房地产法规课堂中的应用[J].职业技术,2011 (10):54.

[58] 刘宁.社会网络对企业管理人员职业生涯成功影响的实证研究[J].南开

管理评论,2007(6):69-77.

[59] 刘星,唐占应.地方本科院校学生职业生涯规划能力的实证分析[J].现代物业,2014(10):60-62.

[60] 刘子芳.大学生职业生涯规划存在问题及对策探究[J].沈阳农业大学学报,2012(2):195-198.

[61] 马恩,张美,郭昱辰.大学生职业生涯规划的研究[J].科教文汇,2011(2):184-185.

[62] 马玉娟.大学生职业生涯规划现状探析及对策砚究[J].中国就业,2008(9):34-36.

[63] 潘爱华.完善工科大学生职业生涯规划教育的思考[J].新西部,2011(3):81-181.

[64] 彭军.职业角色与职业声望初探[J].湖南科技学院学报,2007(8):78-80.

[65] 丘海雄,陈健民,任焰.社会支持结构的转变——从一元到多元[J].社会学研究,1998(4):31-37.

[66] 屈振辉,杨莹.职业社会学:对就业指导学科基础的新探索[J].就业指导,2013(10):13-21.

[67] 沈道海,王保义.大学生职业生涯规划理论"本土化"论析[J].黑龙江高教研究,2008(4):118-120.

[68] 沈苏海.社会网络视角下的高校毕业生就业工作研究[J].教育与职业,2012(32):99-100.

[69] 孙百才,吴克明.大学毕业生职业认知、工作搜寻与高校就业指导[J].山东省青年管理干部学院学报,2005(7):44-45.

[70] 孙冬娅.机械类大学生如何建立大学生生涯规划[J].才智,2011(3):336.

[71] 孙璐.我国大学生职业生涯规划研究述评[J].中国成人教育,2013(20):19-21.

[72] 童梅.社会网络与女性职业性别隔离[J].社会学研究,2012(4):67-83.

[73] 王宝玺.关于实施"卓越工程师教育培养计划"的思考[J].高校教育管

理,2011(12):15-19.

[74] 王博.现代社会职业存在的模式探析[J].职教通讯,2010(3):19-23.

[75] 王国枫.社会资本理论视野下的大学生就业研究[J].黑龙江高等研究.
2005(6):67-68.

[76] 王可,张燕,刘金.论职业生涯规划对专业技术人才培养的促进作用[J].
科技展望,2015(8):265-266.

[77] 王丽霞,于建军.困境与走向:对我国工程教育现存问题的反思[J].现代
教育科学,2011(11):114-115、146.

[78] 王沛,康廷虎.大学生择业价值取向调查问卷的编制及初步研究[J].应
用心理学,2005,11(2)143-148.

[79] 王卫东.中国城市居民的社会网络资本与个人资本[J].社会学研究,
2006(3):151-166.

[80] 王兴国,张聚华,等.大学生职业生涯规划意识调查及相关对策研究
[J].重庆理工大学学报,2011(5):144-147.

[81] 王颖.试析职业的产生和发展与职业教育的关系[J].职教通讯,2013
(13):5-9.

[82] 王云飞,方绪军.大学生职业生涯规划综述[J].保健医学研究与实践,
2011(1):81-84.

[83] 王正平.美国职业伦理的核心价值理念和基本特点[J].道德与文明,
2014(1):141-149.

[84] 王忠军,龙立荣.知识经济时代社会资本与职业生涯成功关系探析[J].
外国经济与管理,2005(2)18-24.

[85] 吴济慧.简析我国职业的产生与发展[J].文史月刊,2012(11):
154-155.

[86] 肖鸿.试析社会网研究的若干进展[J].社会学研究,1999(3):1-7.

[87] 肖瑶,黄孝红.立德树人之高职学生正确职业观培养研究[J].知识经
济,2017(1):167-168.

[88] 谢朝晖.大学生自我职业生涯规划影响因素分析[J].中国成人教育,
2013(21):140-142.

[89] 徐艾学.大学生职业生涯规划影响因素的调查与研究[J].教育与职业,2016(6):104-107.

[90] 徐安琪.家庭结构与代际关系研究——以上海为例的实证分析[J].江苏社会科学,2000(2):150-154.

[91] 徐琦."社会网"理论述评[J].社会,2000,8:20-22.

[92] 徐晓军.当前就业过程中的双重机制:人力资本与社会资本[J].人文杂志,2002(3):68-72.

[93] 许传新,陈国华.城市社区老年人精神支持网构成及影响因素[J].南方人口,2003(3):47-53.

[94] 阎凤桥,毛丹.影响高校毕业生就业的社会资本因素分析[J].复旦教育论坛,2008(4):56-65.

[95] 杨丽娜,林青,常海霞.理工科院校大学生职业生涯规划的现状及完善路径[J].教育与职业,2015(9):74-76

[96] 杨树亮,樊学峰.心理测量在大学生职业生涯规划中的作用[J].沿海企业与科技,2009(4):177-178.

[97] 姚新华.大学生职业生涯规划研究[J].教育与职业,2011(3):84-85.

[98] 姚裕群.生涯的演进过程分析——金兹伯格与萨帕的职业发展理论[J].中国人才,2000(11):41-42.

[99] 于迪.财经类大一学生职业生涯规划培养模式的探索[J].职业,2010(8):31-32.

[100] 于迪.当代大学生的价值取向对其职业生涯规划的影响[J].教育探索,2010(9):141-142.

[101] 于海.林南教授在复旦谈"社会资源"的观点[J].复旦学报(社会科学版),1991(4).

[102] 于晓霞.高校辅导员队伍职业化发展的内在动力研究[J].中国电力教育,2012(9):108-109.

[103] 余彬.运用NLP理论指导大学生职业生涯规划的实现[J].职业教育研究,2007,2:66-67.

[104] 曾蓉,盛友兴.高校学生生涯规划教育模式实践研究[J].山东社会科

学,2011(12):245-246.

[105] 翟学伟.社会流动与关系信任——也论关系强度与农民工的求职策略[J].社会学研究,2003(1):1-11.

[106] 张宝华.大学生职业生涯规划现状及理论分析[J].鲁东大学学报.2011(3):25-28.

[107] 张博,胡金焱,范辰辰.社会网络、信息获取与家庭创业收入——基于中国城乡差异视角的实证研究[J].经济评论,2015(2):52-67.

[108] 张存贵.对大学生职业生涯规划的思考[J].吉林工程技术师范学院学报,2011(1):9-11.

[109] 张菊红.大学生自我概念、人格特质与职业生涯规划的相关性[J].中国健康心理学杂志,2013(12):1899-1902.

[110] 张巧念.大学生职业生涯规划教育的理性诉求与价值实现[J].湖北社会科学,2011(2):185-188.

[111] 张青松.三峡移民的社会支持网[J].社会,2000(1):30-31.

[112] 张文宏,李沛良,阮丹青.城市居民社会网络的阶层构成[J].社会学研究,2004(6):1-9.

[113] 张文宏,阮丹青.城乡居民的社会支持网[J].社会学研究,1999(3):12-23.

[114] 张文宏.社会资本:理论争辩与经验研究[J].社会学,2003(11):26.

[115] 张文江、社会资本及其相关概念厘定[J].现代管理科学,2007(11):53-54.

[116] 张文君,高伟籍.浅谈职业锚理论在大学生职业生涯规划中的应用[J].中小企业管理与科技,2011(6):130-131.

[117] 张艺,李锋亮.工科毕业生去哪里了?[J].高等工程教育研究,2015(2):100-104.

[118] 张展.社会关系网络对求职的影响分析[J].鸡西大学学报,2014(2):56-58.

[119] 赵辉.大学生职业生涯规划的现状调查与分析[J].中国教育技术装备,2008(18):11-12.

[120] 赵莉.我国城市贫困家庭经济支持网研究——来自 250 户贫困家庭的实证研究[J].中国青年政治学院学报,2005(5):86-91.

[121] 赵延东.求职者的社会网络与就业保留工资[J].社会学研究,2003(4):51-59.

[122] 赵延东.社会资本理论述评[J].国外社会科学,1998(3):18-21.

[123] 赵延东.再就业中的社会资本:效用与局限[J].社会学研究,2002(4):1-14.

[124] 郑洁.家庭社会经济地位与大学生就业——一个社会资本的视角[J].北京师范大学学报(社会科学版),2004(3):111-118.

[125] 钟谟智.大学生职业生涯规划探析[J].教育与职业,2007(12):46-47.

[126] 周文娜.职业生涯规划影响因素文献综述[J].企业家天地,2014(1):65-66.

[127] 朱伟俊.人才测评在大学生职业生涯规划中的作用分析[J].江苏科技大学学报,2008(1):76-79.

论文集

[1] 钟云华,应若平,余素梅.大学毕业生求职渠道选择及其影响因素研究[C].2006 年中国教育经济学年会会议论文:978-987.

学位论文

[1] 郭蕾.自我效能感理论在大学生职业生涯规划中的应用研究[D].郑州:郑州大学,2005.

[2] 雷静.基于社会网络的虚拟社区知识共享研究[D].上海:东华大学,2012.

[3] 李宁.知识经济时代组织职业生涯管理研究[D].成都:四川大学.2004.

[4] 刘津言.社会网络对企业女性高层次管理人才成长的作用机制研究[D].长春:吉林大学,2012.

[5] 刘艳茹.社会资本视角下大学毕业生初次就业问题研究[D].武汉:华中师范大学,2012.

［6］卢曙光.社会资本与体育专业大学生就业的关系及对策研究［D］.开封：河南大学,2006.

［7］熊威.社会网络的资本化［D］.兰州：兰州大学,2011.

［8］郑思明.青少年社会网络结果及其人际关系影响的初步研究［D］.福州：福建师范大学,2003.

［9］周星.大学生社会网络对创业绩效的影响机制研究［D］.上海：同济大学,2008.

电子文献

［1］教育部中国工程院关于印发《卓越工程师教育培养计划通用标准》的通知［EB/OL］.http://www.gov.cn/gzdt/2013-12/20/content_2551949.htm,2016-3-16.

［2］中国教育在线.2016年全国高校毕业生人数765万,时尚"更难就业季"大学生就业形势分析［EB/OL］.http://www.eol.cn/html/c/2016gxbys/index.shtml,2016-4-25.

［3］丁雅诵.人民日报三问高校：培养的人才是否适应社会发展的需要［EB/OL］.澎湃新闻,http://www.thepaper.cn/newsDetail_forward_1554135,2016-11-19.

［4］《华盛顿协议》与国际工程教育质量标准［EB/OL］.http://www.docin.com/p-1243490230.html,2015-08-02.

英文学术著作

［1］Bourdieu P. Forms of capital［M］. New York：Greenwood Press,1985.

［2］Burt R S. Structural holes：The social structure of competition［M］. Cambridge：Harvard University Press,1992.

［3］Isaacson,Lee E.Career information in counseling and teaching［M］. Boston：Allyn and Bacon,1977.

［4］Lin N. Social resources and instrumental action［M］. Beverly Hills：Sage Publications,1982.

［5］Schein E H. Career anchors: discovering your real values ［M］.San Diego，CA：University Associates Press，1985.

英文学术期刊

［1］Barnes R K. Freedom of thought in American life ［J］. Nation，1954，178(3):53－54.

［2］Barry Wellman. Network analysis: Some basic principles ［J］. Sociological Theory，1983，Vol. 1:155－200.

［3］Bian Y J. Bringing strong ties back: Indirect ties，network bridges and job searches in china ［J］. American Sociological Review，1997，62(3): 366－385.

［4］Burt R S.The contingent value of social capital ［J］.Administrative Science Quarterly，1997，42 (2):339－365.

［5］Calvo- Armengol，A.，M. O. Jackson. The effect of social network on employment and inquality［J］. American Economic Review，2004，94 (3): 426－454.

［6］Coleman J. Social capital in the creation of human capital ［J］. American Journal of Sociology，1988(94): 95－120.

［7］Cross R，Cummings J N. Tie and network correlates of individual performance in knowledge-intensive work ［J］. Academy of Management Journal，2004，47(6):928－937.

［8］Dengfeng Hao，Vincy J. Sun，Mantak Yuen. Towards a model of career guidance and counseling for university students in China［J］. International Journal for the Advancement of Counselling，2015(1)，Vol 37，Issue 2:155－167.

［9］Donner G J，Wheeler M. Career planning and development for nurses: the time has come ［J］. International Nursing Review，2001，48(2): 79－85.

［10］Ellis P. and Pecotich A. Finding international exchange partners:the role of social ties[J]. Global Focus,2001,13(2):121－133.

[11] Ellis,P: Social ties and international opportunity recognition[J]. Unpublished manuscript，2008:106.

[12] Gideon Arulmani，Darren van Laar，Simon Easton. The influence of career beliefs and socio-economic status on the career decision-making of high school students in India[J]. International Journal for Educational and Vocational Guidance，2003(10)，Vol 3，Issue 3: 193－204.

[13] Granovetter M S. Economic action and social structure: the problem of embedding's[J]. American Journal of Sociology，1985，91(3): 481－510.

[14] Granovetter M S. The strength of weak ties[J]. American Journal of Sociology，1973(78):1360－1380.

[15] Jennifer E Gallagher，Resmi Patel，Nairn HF Wilson. The emerging dental workforce: long-term career expectations and influences. A quantitative study of final year dental students' views on their long-term career from one London Dental School[J]. BMC Oral Health，2009(9):35.

[16] Jokisaari M. Leader-member and social network relations in newcomers' role performance [J]. Journal of Vocational Behavior，2013,82(2):96－104.

[17] Karin I. Candrl，Cynthia J. Heinzen career quest: An innovative student organization designed to meet the needs of "deciding" students [J]. Journal of Career Development，1994(12)，Vol 21，Issue 2: 141－148.

[18] Ken S. Kompelien. Focusing on coherent career plans: the fifth c of career planning programs[J]. Journal of Career Development，Vol. 23(1)，1996: 51－60.

[19] Lin N，Dumin M. Access to occupations through social ties [J].

Social Network,1986(8):365 - 385.

[20] Lin N. Building a network theory of social capital [J]. Connections, 1999,22(2):28 - 51.

[21] Lin Zhang,Michael Barnett. How high school students envision their STEM career pathways [J]. Culture Study of Science Education,2015(10):637 - 656.

[22] Podolny J M,Baron J N. Resources and relationships: social networks and mobility in the workplace [J]. American Sociological Review,1997(62):673 - 693.

[23] Seibert S E,Kraimer M L. The five factor model of personality and career success [J]. Journal of Vocational Behavior,2001(58):1 - 21.

[24] Sharma D.D. and Blomstermo A. The internationalization process of born globals: a network view[J]. International Business Review, 2003,12(6):739 - 753.

[25] Tichy N M,Tushman M L,Fombrun C. Social network analysis for organizations [J].The Academy of Management Review,1979,4 (4):507 - 519.

英文论文集

[1] Gao Xiaoqin. The Dynamic Management of Career to College Students Based on Psychological Contract[C]. Engineering Education and Management,2011(12),Vol 112:219 - 226.

索 引

后　记

本书是在笔者承担的上海市教育科学研究市级项目——社会网络视域下工科大学生职业生涯规划研究(项目编号：C160027)结题报告基础上修改而成的(该项目结题报告获得2019年度上海教育规划课题优秀成果)。

进入新时代,随着我国高等教育人才培养高质量发展,"立德树人"被确立为高校人才培养的根本任务,职业生涯教育作为"立德树人"的重要环节,不仅获得各级各类学校的高度重视,而且也日益成为高校思想政治教育领域的研究热点。

近十年来,笔者将大学生职业生涯教育作为重点研究方向,先后开设了2门大学生职业生涯教育的通识课程,承接了多项职业生涯教育领域的研究课题。本书既是上海市教育科学研究市级项目的结题报告,更是笔者近年来学术研究和实践探索的成果汇集。学术研究离不开广泛的思想交流,本书能够顺利完稿,得益于我的博士生导师高德毅教授的殷切教诲和指导,也得益于上海工程技术大学同仁的热情帮助,没有他们的指导和帮助,一己之力难以完成著作的撰写。

本书的出版获得了上海工程技术大学2022年度学术著作的出版资助,同时也得到了上海交通大学出版社编辑提文静老师的热情帮助和指导,在此一并表示感谢。